子どもの権利条約を学童保育に活かす

安部芳絵［著］

そこが知りたい
学童保育ブックレットシリーズ
4

子どもの権利条約を学ぶことが、子どもが豊かに育つ場としての学童保育を子どもと共につくっていくためのヒントになる!

高文研

本書のねらい

学童保育での子ども支援を考えるとき、重要となるのはおとなの「子ども観」です。子ども観とは、子どもをどのような存在であると考えるか、ということです。子どもをひとりの独立した人格としてみるのか、おとなに従属した存在、親の「所有物」とみるのかでは、子どもの見方が全く異なります。子ども観がちがえば、社会やおとなの子どもへのかかわり方が変わってきます。公園や児童館、保育所で子どもが遊ぶ声を騒音ととらえるのか、「子どもには遊ぶ権利がある」と考えるのか、あるいは子どもに関する政策・施策をおとなのよかれでおとなだけで決めるのか、「子どもには意見表明権があるから、政府や自治体は子どもの話を聴き、気持ちを受け止めて一緒に考えていく」と考えるのか、その分かれ目は、おとなの子ども観にあります。

学童保育で子どもの権利を保障していく上でも、支援員がどのような子ども観を持っているかが大きなポイントとなります。学童保育で子どもと関わるとき、迷ったり困ったりしたことはありませんか。あの声かけでよかったのだろうか、子どもが自分でできるまで待ってあげてもよかったのではないか、何が「正解」なのかわからない中で、毎日が手探りという人もいるでしょう。そんなときよりどころとなるのが国連子どもの権利条約です。

学童保育だけでなく、子どもにかかわる事業はすべて法に基づいて行われています。学童保育であれば「放課後児童クラブ運営指針」の中で法に基づく方向性を示しています。運営指針には放課後児童健全育成事業（＝学童保育）は、児童福祉法の第六条の三第二項に基づくと書かれています。次に、児童福祉法を見てみると、第一条で「全て児童は、児童の権利に関する条約の精神にのっとり、適切に養育されること、その生活を保障されること、愛され、保護されること、その心身の健やかな成長及び発達並びにその自立が図られることその他の福祉を等しく保障される権利を有する。」とあります。学童保育がよって立つ「放課後児童クラブ運営指針」をたどっていくと、児童の権利に関する条約すなわち国連子どもの権利条約に行きつくのです。

つまり、子どもの権利条約がどのようなものかがわからなければ、自分の子ども観が子どもの育ちを支えるものなのか、それとも成長を阻害するものとなってしまっているのかの判断がつきません。

そこでこの本では、子どもの権利条約とはどのようなものであり、なぜ学童保育の支援員が子どもの権利条約を知る必要があるのかをできるだけ具体的に考えていきます。子どもの権利条約を学ぶことが、子どもが豊かに育つ場としての学童保育を子どもと共につくっていくためのヒントになればと思います。

なおこの本では、特に年齢を明記していないときは、国連子どもの権利条約にのっとって、一八歳未満を子どもとします。

目次

本書のねらい……3

第Ⅰ部　子どもの権利条約と学童保育

第1章　子どもの声を聴かない社会

1. 子どもを取り巻く環境の厳しさ……12
2. 声に出せないSOS……14
3. つぶやきを誰が受け止めるのか……17
4. 聴くことの難しさと「ものさし」……20

第2章　学童保育支援員に不可欠な子どもの権利条約

1. 国連子どもの権利条約の成り立ち……24
2. 子どもの最善の利益と意見表明権……26

3. 意見だけでなく「気持ち」をくみとる……28
4. 何でもできる年長さん、何もできない一年生……31

第3章 「子どもの権利条約」を知る

1. お気に入りの条文をさがそう!……33
2. 子どもの権利条約で何が変わったのか……33
2―1. 子ども虐待　2―2. 子どもへの体罰
2―3. 学童保育とのかかわり
3. 子どもと考える子どもの権利条約……43
4. 権利を力に……49

第4章 子どもの権利条約を学童保育で活かす

1. 人間の本質としての遊び……56
2. 忘れられた権利としての遊び――遊びの法的制度化の歴史……58
3. 学童保育で子どもの権利を保障するとは?……62
4. 学童保育支援員の「ゆらぎ」と専門性……65
まとめとして――子どもの根っこを育む学童保育……69

第Ⅱ部　子どもの権利条約　条文解説

子どもの権利条約の一般原則……75
前文……76
第1条　子どもの定義……78
第2条　差別の禁止……79
第3条　子どもの最善の利益……81
第4条　締約国の実施義務……84
第5条　親の指導の尊重……85
第6条　生命への権利、生存・発達の確保……87
第7条　名前・国籍を得る権利、親を知り養育される権利……90
第8条　アイデンティティの保全……92
第9条　親からの分離禁止と分離のための手続……94
第10条　家族再会のための出入国……96
第11条　国外不法移送・不返還の防止……98
第12条　意見表明権……100

第13条 表現・情報の自由……102
第14条 思想・良心・宗教の自由……103
第15条 結社・集会の自由……108
第16条 プライバシィ・通信・名誉の保護……112
第17条 適切な情報へのアクセス……114
第18条 親の第一次的養育責任と国の援助……116
第19条 親による虐待・放任・搾取からの保護……118
第20条 家庭環境を奪われた子どもの保護……122
第21条 養子縁組……123
第22条 難民の子どもの保護・援助……127
第23条 障害児の権利……130
第24条 健康・医療への権利……133
第25条 施設等に措置された子どもの定期的審査……140
第26条 社会保障への権利……141
第27条 生活水準への権利……143
第28条 教育への権利……146
第29条 教育の目的……150

第30条　少数者・先住民の子どもの権利……152
第31条　休息・余暇、遊び、文化的・芸術的生活への参加……154
第32条　経済的搾取・有害労働からの保護……155
第33条　麻薬・向精神薬からの保護……157
第34条　性的搾取・虐待からの保護……158
第35条　誘拐・売買・取引の防止……160
第36条　他のあらゆる形態の搾取からの保護……162
第37条　死刑・拷問等の禁止、自由を奪われた子どもの適正な取り扱い……163
第38条　武力紛争における子どもの保護……165
第39条　犠牲になった子どもの心身の回復と社会復帰……168
第40条　少年司法……169
第41条　既存の権利の確保……176
第42条　条約広報義務……177
参考文献……184
あとがき……187

コラム

①支援員は先生なのか……22
②権利と義務ってセットなの？……52
③学童保育とジェンダー……54
④おとなしい子の記録……71
⑤食べてもいいグミと食べられないグミ……106
⑥親の前ではよい子……120
⑦災害と学童保育……137
⑧全国一斉休校と学童保育……174

※本書では、放課後児童支援員の資格に関わらず、学童保育で子どもと接する人々を対象とする観点から「学童保育支援員」という言葉を用いました。

写真提供　公益社団法人 セーブ・ザ・チルドレン・ジャパン
さくらエルマー学童くらぶ（栃木県足利市）

装丁　妹尾浩也（iwor）

第Ⅰ部

子どもの権利条約と学童保育

くる日もくる日も穴を掘る。
いつもの仲間。とことんできる時間。きのうの続きができる場所。

夏休み。どう過ごすかは自分で決める。「誰でも誰からも邪魔されず○○できる」を体現してる!?

第Ⅰ章　子どもの声を聴かない社会

1．子どもを取り巻く環境の厳しさ

現代日本社会は、子どもの声を聴かない社会です。赤ちゃんから中高生世代に至るまで、すべての子どもの声をおとなが聴かない風土ができつつあります。

赤ちゃんの声といえば、泣き声です。理路整然と話すことはできませんから、泣くことでさまざまなことを伝えようとします。だから、赤ちゃんが泣くのは当たり前のことです。子育てを経験された方や身近に赤ちゃんがいる方たちのなかには、「赤ちゃんの泣き声はいつ聞いてもかわいい」「泣くのが仕事だからね」「もっと泣いていいよ」と暖かい声をかけてくれる方もいます。しかし、電車や新幹線、飛行機のなかで赤ちゃんが泣きだすと、さもいやそうな顔で「チッ」と舌打ちするおとなもいます。親はあせってあやしますが、あやしたからといって赤ちゃんが泣き止んでくれるわけでもなく、途方にくれた経験をした人もいることでしょう。

保育園や幼稚園、公園の建設への反対運動は、残念ながらしばしばみられるようになってしまいました。子どもたちの遊ぶ声、笑い声、泣き声は「ほほえましい」声ではなく、「うるさい」「迷惑だ」として建設反対運動が起こります。二〇一八年一〇月には、児童相談所や母子生活支援施設などが入った複合施設である港区子ども家庭総合支援センターの建設計画が話題になりました。計画を説明する港区職員に対し、南青山の一等地にふさわしくないと反対の声が上がったのを記憶されている方も多いのではないかと思います。子どもたちの遊ぶ声がうるさいからと、公園でのボール遊び禁止というところもあります。

放課後の中高生たちが公園やコンビニの前でたむろしていると通報された、という話もよく耳にします。何か悪いことをしているわけではありません。友達とおしゃべりをしているだけなのです。なぜ公園やコンビニなのかといえば、集まることのできる場がないからです。学校には最終下校時刻がありますから、そのあとにもう少し話したいと思っても、まちのなかには中高生が無料で集まれる場所があまりありません。

学校では「主体的・対話的で深い学び」が導入され、子ども自身が自分で考えることが推奨されています。ところが、子どもたちからは「失敗するのが怖い」という声を聴きます。自分で考えて何かを試すとき、失敗はつきものです。失敗しながら、次はこうしてみよう、ああしてみようと考えを重ねていきます。失敗には成功の種がたくさん包まれています。しかし、失敗を成功の種だと捉え、子どもの失敗に耳を傾ける教師がどれほどいるでしょうか。あわただしいカリキュラムをこなすのに精一杯で、耳を傾けたくてもできない、という教師がほとんどかもしれません。ドリルやテストでは、パッと考えてすぐに答えを出すことを求められがちです。これまで「できるだけ早く正解すること」に主眼を置いた教育をされてきたのに、いきなり「失敗を恐れずチャレンジしていいよ」といわれてもしり込みしてしまいます。本当に失敗してもいいの……？　と、ついついおとなの顔色をうかがってしまいます。

試行錯誤しながら自ら考え動くためには、「失敗しても大丈夫だよ」「次はどうしようか」「こうしてみようか」と失敗を受け止めつつ、話を聴いてくれるおとなの存在が必要です。しかし、地域や学校に子どもが安心して失敗できる環境があるかと言われれば、疑問が多く残ります。子どもが転ぶ前から先回りをして手を差し伸べてしまう、子どもの失敗に寛容になれないおとなの姿が透けて見えます。

このように、赤ちゃんから中高生世代に至るまで、地域でも学校でも、子どもの声を聴かない社会ができつつあります。

2. 声に出せないSOS

いじめや不登校、子ども虐待といった子どもを取り巻く課題は年々増加しています。しかし、子ども自身がSOSを出すことは稀です。これはなぜなのでしょうか。

電話やＬＩＮＥなど相談窓口はいろいろあります。最も名前が知られているのはチャイルドラインでしょう。「チャイルドラインを知っている人？」と聞くと、私の教えている大学でもだいたいの学生の手が挙がります。電話番号が書かれた小さなカードが学校で配布されたことを記憶している学生も多くいます。

ある男子学生は、「高校は男子校でした。教室でチャイルドラインのカードが配られたことがあります。そのとき先生が『こんなカード、お前たちには必要ないと思うけど、配れと言われたので一応配っておく』と言いながら配布したことを覚えています」と、自分の高校時代の経験を話してくれました。

その先生は、相談することをポジティブにはとらえていなかったのではないか、と学生は言います。「こんなカード、お前たちには必要ない」という言葉によって、相談するのは弱い人がすることだ、男らしくない、と感じたとも教えてくれました。

社会的・文化的につくられた性差をジェンダーといいます。「相談するのは男らしくない」というのはまさにジェンダーの刷り込みです。「男の子なのだから泣かない」や「女の子なのだから静かにしなさい」のような一言も、ジェンダーの刷り込みにあたります。実際には泣き虫の男の子も、活発な女の子もたくさんいますし、いることは当たり前なのです。

この相談に対するジェンダーの刷り込みは、データにも表れています。

浜松市教育委員会が浜松市立小学校四～六年生の全児童および市立中学校一～三年生の全生徒、

合わせて約四万人を対象として二〇一四年に実施した「安心して学校生活を送るためのアンケート」では、いじめには男女差や学年によるちがいがあることがわかりました。いじめの被害経験は、小学校四年生以外は男子よりも女子の方が多く、加害経験は小四・小五は男子が多く、中一〜中三は女子が多くなっています。これに対し、いじめ被害時に大人に相談しなかった割合はいずれも女子よりも男子の方が多く、中三では八割を超えています。いじめ目撃時に大人に相談しなかったのも男子が同様に多くなっています。

男の子たちは幼いころから「相談することは男らしくない」「相談するのは恥ずかしいことだ」と刷り込まれているのでしょうか。浜松市の調査のように、つらいことがあってもぐっと言葉を飲み込む中高生世代の男子たちは少なくありません。

それでも小学生くらいまでは、比較的たやすく親や教師に相談をしてくれます。ところが、このときの経験からその後相談しなくなったという子もいます。「絶対に秘密にしてねっていったのに他の子にしゃべった」「先生に相談して余計悪くなった」「だから、もう、相談しない」と言うのです。相談してうまくいかなかった経験が、ＳＯＳの声をあげることを阻んでいます。

加えて、何が子どもの権利侵害なのかわからない、ということも重要なポイントです。虐待など、おとなの目から見て非常に深刻な権利侵害である、という場合であっても、相談する子どもは多くありません。虐待された子どもの年齢別割合をみるとあることに気づきます。平成二九（二〇一七）年度福祉行政報告例の概況によれば、〇―二才が二〇・二％、三―六才が二五・五％に対し、七―

一二才の小学生世代は三三・三％、一三―一五才の中学生世代は一四・〇％、一六―一八才の高校生世代は七・一％となっています。つまり小学生以上で五割をこえるのです（三七頁の図3を参照）。虐待されている子どもは、決して自分のことを伝えられない乳幼児だけではありません。誰かに助けを求めることができそうな年齢の子どもたちも虐待されています。

しかし、子どもたちが直接児童相談所に電話してくることは稀です。「こんなこと相談するほどの事でもない」「わたしががまんすればいいだけ」そう思っている子どもは多くいます。だからこそ、「それはあなたの権利が侵害されているんだよ」「あなたが悪いのではないよ」と伝えられるかどうか、子どもにとって身近なおとなが「子どもの権利とは何か」を知っていることが非常に重要なのです。

3. つぶやきを誰が受け止めるのか

とはいえ、子どもたちがまったく発信していないかというとそうでもありません。ＳＮＳの裏アカウントを持っていると答えたのは一〇～一八才の子どもたちの三分の一であり、女子高生に限ると実に七割にもおよびます（デジタルアーツ、「未成年の携帯電話・スマートフォン利用実態調査」、二〇一八）。子どもたちはさまざまな形で発信はしています。しかし、おとなの側が受け止めきれていないようにも見えます。

日本社会は少子化といわれて久しいことは皆さんご存知でしょう。数で言えば、だいたい六、七人に一人が子どもです。本当ならば、一人の子どもにつき六、七人のおとなたちが耳を傾けることができるはずなのに、受け止めるおとなが少ないということは、いわば「聴くことが下手」なおとながばかりがいる、ということです。

ここで大切なのは、「聞く」でもなく「訊く」でもない、「聴く」ことです。みなさんの「きく」はどれでしょうか。

「聞く」は門構えのなかに耳がありますから、何か音は聞こえるけれど、何をしゃべっているかまではよくわからない状態です。台所で料理をしながら子どもの話を聞いているとき、適当に相槌をうっていると「もう、ちゃんと聴いてるの！」と怒られることがしばしばあります。

「訊く」は訊（尋）問するときの「訊く」です。学校から配布されたはずのプリントが見当たらないときなど、子どもを問いただすような口調でついつい、ということもあるのではないでしょうか。

「聴く」は傾聴の「聴く」です。漢字の中に「耳」だけでなく「目」と「心」が「十」もあります。その子の目をみて、向き合って聴く。言われるまでもなく、子どもの声をきくときはこの「聴く」で、とみなさん意識されていると思います。しかしこれがなかなか難しい。特に自分の子どもの声を聴くのは本当に難しい。親は、ついつい、何かをしながらの「聞く」になったり、問いただす「訊く」になってしまうこともあります。そうすると子どもたちも話したくなくなるかもしれません。

では、親や学校の先生、友達に相談できないとき、子どもたちはいったい誰に相談するのでしょうか。自治体の調査にかかわる中で、「生きていくのがつらいほどの出来事があったとき、親や学校の先生には相談しない」という中高生の声を何度も耳にしました。「親は心配するから」「先生は忙しそうだから」というのです。では、どうするのかというと「学童保育や児童館の先生に相談する」という子が少なくありませんでした。中高生にとって、学童保育はすでに卒業した場です。児童館も小学生の利用が圧倒的に多いのですが、それでも学童保育と児童館の先生はちがうといいます。学童保育や児童館の先生たちは、「決めつけないで聴いてくれる」「あそこのおとなは頭ごなしに怒らない」のだそうです。

★ナナメの関係のおとな
●親・教師（タテ）
○子ども
○友達（ヨコ）

図１　ナナメの関係

親や学校の教師は、子どもの真上にいるタテの関係、友達はヨコの関係です。これに対し、子どもの成長発達に重要なのは、ナナメの関係のおとなといわれます。「あそこのおとなは聴いてくれる」という学童や児童館の先生たちはまさにこのナナメの関係のおとなです。ある程度の距離から物事を俯瞰的にみつつ、子どもの話を聴けるのは学童保育の強みといえるでしょう。

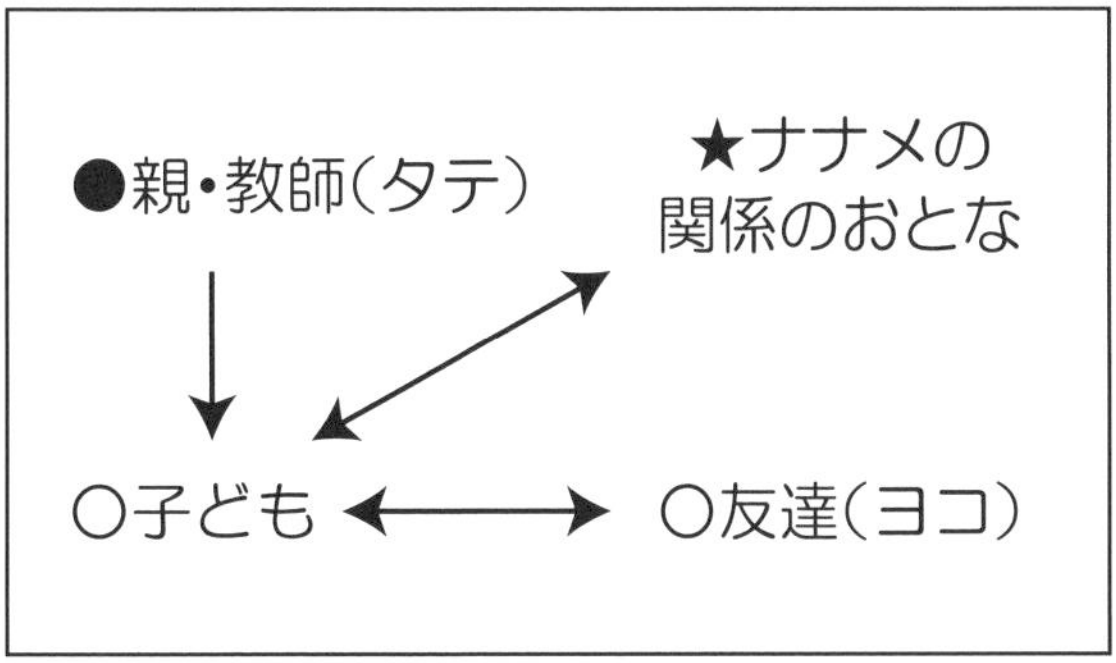

子どもの声を聴くこと、これは、まさに子どもの権利条約の中心的な理念です。ところが、聴くことは時として大きな困難を伴います。聴くことの難しさについて、ここでもう少し考えてみましょう。

4．聴くことの難しさと「ものさし」

聴くことは一見、受け身の営みのように思えます。場の主導権を握っているのは話し手であり、聴き手の役割は話し手の言葉を受け止めるだけにも思えます。受動的な営みであれば、子どもの声を聴くことには専門性など必要ないのでしょうか。

子ども支援者は、子どもから投げられた何気ないひとことによって、感情が波立ち、ひっかかりを感じ、自分を抑えられずに子どもを責めてしまいそうになることがあります。フリースペースたまりば代表の西野博之さんは、支援者自身の価値観を「自分のものさし」と呼びました。そして**相手の子どもがヘンだ、おかしい、と感じたら「まず自分のものさしを疑ってみたほうがいい」**と言います。そうすることで、ひっかかりの原因が目の前の子どもにあるのか、自分自身にあるのかを一度立ち止まって考え、そうすることで出来事を受け入れていく幅が少しずつ広がってきたように思う、と述べます（西野、二〇〇六）。

「子どもはこうあるべきだ」「おとなは常に正しくなければならない」という思いが強ければ強い

人ほど、聴くことに困難を感じているようにも思います。なぜならば、目の前にいる子どもたちは多様だからです。「子どもはこうあるべきだ」という考えの支援者がいたとしても、その人の「ものさし」では測り切れないことばかりが日々生じます。理想の子ども像を押し付けようとしてもうまくいくはずがありません。もっといえば、支援者の「ものさし」はひとりひとりちがうはずです。学童保育支援員が五人いたら、五つの「ものさし」で子どもを見ていることになります。これでは子どもも混乱してしまうでしょう。

では、「ものさし」は必要ないのでしょうか。そうではありません。子どもの出来不出来を測るための「ものさし」ではなく、学童保育支援員の支援のありようをはかる「ものさし」が必要です。ひとりひとりちがう「ものさし」ではなく、子ども支援者全体に共通する「ものさし」、現場で生じるさまざまな「問題」に対応するときの基準となるものです。

それこそが国連子どもの権利条約であり、学童保育支援員の専門性のよりどころとなるものです。

そこで、つぎに、国連子どもの権利条約を詳しく見ていきます。

初めての教科書がうれしくて。うれしくて。初めての放課後の時間に真っ先にランドセルからとりだして。

コラム① 支援員は先生なのか

みなさんは子どもたちからなんと呼ばれていますか。「○○先生」と呼ばれている人もいれば、「○○さん」「○○ちゃん」のように愛称で呼ばれている人もいるでしょう。この呼ばれ方には割と大きな意味があるように思えます。

ある若い児童館職員さんから聞いた話です。児童館職員と学童保育支援員の合同の研修で大変驚いたことがあるといいます。その日の研修では「子どものことで困っていること」を話し合う場面がありました。そこで、とある学童保育支援員さんが「子どもが先生と呼んでくれない」ことを挙げたのだそうです。小学校の担任は「先生」なのに、わたしたち支援員のことは先生と呼んでくれない。若い児童館職員さんは、どうして先生と呼んで欲しいのかな、先生と呼ばれないとなにか不都合があるのかなとふしぎに思ったそうです。皆さん、どう思われますか。

ずいぶん前のはなしです。どれくらい前かというと二〇年以上前、わたしが大学二年生の頃のできごとです。ある講義の初回に教授が「ぼくのことは先生ではなく〝さん〟と呼んでください。子どもの権利は、子どもとおとなのパートナーシップが大切です。ぼくは学生ともパートナーシップを大事にして行きたいと考えています」というではないですか。大学の先生を「さん」づけで呼んでいいの？　と目をみひらいたおぼえがあります。

column

それ以来今に至るまで、わたしは師匠をさん付けで呼んでいますが、呼ぶたびに思い起こすのはあの日の教室での出来事です。先生と呼ばないからといって、尊敬していないわけでも、なめているわけでもありません。「喜多さん」と呼ぶとき、それはパートナーシップの現れだろうと思っています（たぶん）。

その後、自分が大学の教員となってから格段に先生と呼ばれる機会が増えましたが、実はいまだに慣れません。うーん、先生って呼んでもいいけど、別に先生じゃなくてもいいんだよ、とひとことつけたくなります。あるとき、大学に我が家の子どもたちを連れて行ったときのことです。「安部先生」と呼ばれている私をみて、「ママ、先生なの？　変なのー」「ママはママだよね」といいながらゲラゲラ笑っていました。あぁそうだよね、呼ばれ方が変わってもわたしはわたしだよね、と思いました。

本文のなかで「ナナメの関係」（笠原、一九七七）（文部科学省、二〇〇七）に触れました（笠原は「斜めの関係」と漢字表記）。このことから考えると、「○○先生」ではなく「○○ちゃん」のように愛称で呼ばれることに別の価値が見えてきませんか。先生と呼ばれてもよいけれど無理して先生と呼ばせなくても子どもとの信頼関係は築けるのではないか、いやむしろ、先生と呼ばれないことに子どもの権利を保障する鍵があるのではないかそんなことを考えています。

第2章　学童保育支援員に不可欠な子どもの権利条約

1. 国連子どもの権利条約の成り立ち

国連子どもの権利条約は、一九八九年に国連総会にて全会一致で採択されました。子どもにとって一番よいことをしようという国同士の約束事です。外務省によれば二〇一九年八月現在、一九六か国がこの条約の締約国となっています。国連加盟国数が一九三（二〇一九年三月現在、外務省）ですから、その数の多さが際立ちます。そのため、国連子どもの権利条約は、子どもに関するあらゆることを考える際の「ものさし」といっても過言ではありません。

国連に加盟していない国で条約の締約国となっているのは、バチカン市国、クック諸島、ニウエです。一方、アメリカ合衆国は、条約に署名はしましたが、批准はしていません。署名とは、条約の趣旨と内容に基本的に賛同した国ですが、条約に法的に拘束されることはなく、実行の義務はありません。つまり締約国ではない国は、アメリカ合衆国ただ一つとなっています。

日本政府は一九九四年四月二二日に批准書を国連事務総長に寄託しました。寄託とは条約などの管理を委任することです。寄託して一定の日数が過ぎると、国内で法的な拘束力が生じます。日本では、同年五月二二日から国内で効力が発揮されています。このとき、日本の批准は世界で一五八番目でした。これは、日本国内の子どもの権利に対する認識の低さを示しているといえるでしょう。

なお、政府訳では「児童の権利に関する条約」という名前ですが、児童という言葉は法律によって年齢が異なります。学校教育法では「満六歳に達した日の翌日以後における最初の学年の初めから、満一二歳に達した日の属する学年の終わりまでの者」つまり小学生を指しますが、労働基準法では「一五歳に達した日以後の最初の三月三一日が終了するまでの者」、児童福祉法では「一八歳未満の者」です。一方、条約では一八歳未満を子どもと定義しています。これについて、当時の文部省は「本条約についての教育指導に当たっては、『児童』のみならず『子ども』という語を適宜使用することも考えられる」という見解を示しています（「文初高第一四九号」、一九九四年五月二〇日、文部事務次官通知）。報道の際にも「子ども」が使われることが多く、「子どもの権利条約」の方がより一般的な表記となっています。

二〇一九年、国連子どもの権利条約は採択三〇周年を迎え、日本政府が批准してから二五年が経過しました。しかし、残念ながら、子どもや保護者、子ども支援にかかわる専門職に条約が広く知れ渡っているとは言い難い状況にあります。

それではなぜ、子ども・保護者・子ども支援職が子どもの権利条約を知らないのでしょうか。それは、文部科学省を始めとする日本政府が条約の広報・普及・意識啓発にあまり力をいれてこなかったからです。このことは、国連子どもの権利委員会からもたびたび指摘され、広報・普及に力をいれるよう、勧告されてきました。

ですから、今、よく知らないのはみなさんの責任ではありません。けれど、これからはちがいます。政府が広報していないからといって、学童保育支援員が子どもの権利を知らないままでは子どもにとって悪影響を及ぼす危険性があります。だから、これを機会に一緒に学んでいきませんか。

2. 子どもの最善の利益と意見表明権

さて、「子どもにとって一番よいことをしよう」という国同士の約束事が子どもの権利条約でした。それでは、子どもにとって一番よいこととはだれが決めるのでしょうか。

子どもの権利条約が採択されるまで、子どもにとって一番よいことはおとなや社会が決めていました。おとなはかつてみな子どもだったので、子どものことはおとなが決めても大丈夫だろうと思っていたのかもしれません。ところが、おとなが「よかれ」と思って決めたことが、子どもにとって一番よいことにつながらなかった例はたくさんあります。

子どもは親の所有物でも、作品でもありません。子どもには子どもの意志があり、現在と未来があります。同じ親から生まれたきょうだいであっても、感じ方・考え方は異なることはみなさんも経験的に実感していますよね。だから、おとなが「きっとこれが一番よいことにちがいない」と思ったことが、子どもにとっては一番ではないことも十分あり得ます。

子どもの権利条約では、子どもにとって一番よいこと（第三条子どもの最善の利益）は、子どもに聴いて（第一二条意見表明権）子どもとともに考えて決めようと定めています。**子どもはおとなから保護されるだけの対象ではなく、自ら権利を行使する主体である**ということが世界的な約束事で定められました。

子どもの意見を尊重するということは、おとなにとっては子どもの意見を聴く、ということです。しかし、これがなかなか難しい。第一章でもふれましたが、「聴く」のつもりがいつのまにか何かしながらの「聞く」だったり、問い詰めるような「訊く」になってしまったりします。加えて、子どもの意見をすべて聴きいれることができればいいのですが、しばしば「うーん、それはちょっと……」という場面と出会います。

子どもの権利の尊重ならば、なんでもかんでも子どもの言うことを聴かなきゃいけないのですか？　と質問されることがあります。いいえ、そうではありません。「聴く」ことは子どものいいなりになることではありません。

その意見を聴くことによって何が起こりうるのか、子どもが想定できないこともたくさんあります。子どもの意見を聴くことで、いのちが危険にさらされそうなとき、誰かを傷つけてしまうかもしれないとき、そんなときは聞きいれるのではなく、むしろおとなの考えを伝えることが求められます。ダメなものはダメと切り捨てるのではなく、おとながダメだと思った時ほど言葉を尽くす。「私はこう考えるよ。あなたはどう思う？」と問いかけてみてください。そういうことも含めておとなが子どもの声を聴き、気持ちに寄り添い、子どもを真ん中にして対話を続けていくことが遠回りのように見えても、子どもの権利保障へとつながっていきます。

もちろん、一筋縄ではいきません。なんどもなんども説明してやっとわかってくれることもあれば、納得してもらえないときもあるでしょう。それでも、子どもがわかるまで根気強く伝えていくことで、子どもたちは世界のさまざまなことを学んでいきます。子どもたちにがまんをしてほしいときほど、おとなは忍耐強く説明しなければなりません。

ところで、保護者として考えたとき、条約の子ども観を実現していくことはなかなか悩ましいなと感じます。保護者は子どものことが心配で、ついつい先回りして、口を出したり、手を出したりしてしまいそうになるからです。

だからこそ、少し距離をおいてナナメの関係のおとながいることで、保護者もハッと気づかされることが多いのだと思います。

3．意見だけでなく「気持ち」をくみとる

赤ちゃんや障碍[(1)]のある子ども、日本語を母語としない子どもなど、意見を表明することに困難

が伴う子どもたちについてはどう考えればよいでしょうか。前にも述べましたが、子どもの権利条約では一八歳未満を子どもと定義しています（第一条）。つまり、産まれたばかりの赤ちゃんも権利の主体です。

赤ちゃんは理路整然と話すことができません。文を作って意思疎通ができるのは三才くらいからです。しかし、赤ちゃんはそれよりもずっと以前からさまざまな方法で自分の「気持ち」を伝えようとします。

生後すぐから、赤ちゃんは泣きます。おとなが教えたわけでもないのに、泣くことで自分のメッセージを伝えようとします。産後、初めての赤ちゃんを前にして、「泣いているだけじゃわからないよ……」と頭を抱えたことのある人も多いのではないでしょうか。

生後二か月頃、赤ちゃんがようやく笑うようになるとなんだか気持ちが通じたような気がしてとてもうれしくなります。これは、生理的な微笑である新生児微笑とは異なり、社会的微笑といわれるものです。人の顔を認識して笑うようになります。このようにして、赤ちゃんは社会的なつながりを創りだしていきます。

国連子どもの権利委員会は、条約を批准した国の報告書を審査するだけでなく、一般的意見によってその具体的見解を示してきました[(2)]。

一般的意見七号「乳幼児期における子どもの権利の実施」[(3)]（二〇〇五年）では、「乳幼児は条約に掲げられたすべての権利の保有者である」と指摘します。ところが、乳幼児はこれまで「未発達であり、基礎的な理解力、意思疎通能力および選択能力さえない」と見なされ、「家庭において無力であり、社会においてもしばしば声を奪われ、目に見えない存在」とされてきました。これを踏まえて、委員会は、パラグラフ（段落）14で「乳幼児の意見および気持ちの尊重」について第一二条（意見表明権）は「年少の子どもと年長の子どもの双方に適用されるものであることを強調」したいと述べました。そして「乳幼児は、話し言葉または書き言葉という通常の手段で意思疎通ができるようになるはるか以前に、さまざまな方法で選択を行ない、かつ自分の気持ち、考えおよび望みを伝達している」として、尊重すべき対象に子どもの意見だけでなく気持ちも含めました。そして、気持ちの尊重のために、おとなの側に態度の変化を求めたのです。

具体的には、おとなが「子ども中心の態度をとる」「乳幼児の声に耳を傾ける」ことです。これは赤ちゃんががんばって意見表明するのではなく、おとなの側が赤ちゃんの関心や理解にあわせて、赤ちゃんの声を聴いて、その意図を読み解いていくことにほかなりません。

赤ちゃんだけでなく、意見表明が困難な子どもたちはたくさんいます。そのときに、何も言わないのだから意見がないのだ、ではなく、その子の気持ちに寄り添いながらともに考えていくことが学童保育にも求められています。

4．何でもできる年長さん、何もできない一年生

子ども参加がさかんなある小学校のＩ先生が教えてくれたエピソードです。その小学校では、運動会や遠足、修学旅行などほとんどすべての行事を子ども参加で行ってきました。運動会の進め方や遠足・修学旅行の場所など、すべて子どもたちが話し合って決めています。困ったときだけ、教師に相談して一緒に考えるスタイルです。

四月に迎える新一年生の情報を交換するために、保育士と教諭との意見交換をする場が設けられています。打ち合わせが終わりかけたとき、保育士が言ったひとことが忘れられない、とＩ先生は言います。

子ども参加の小学校なので、入学式も在校生が考えて式をつくります。司会やピアノの伴奏をはじめ、新一年生を迎えるさまざまな工夫を在校生たちが考えます。入学式は、六年生が新一年生の手を引いて入場してくるところからスタートします。

その入学式を見ると毎回思うことがある、と保育士が言います。「あの子たちはなんでもできる年長さんだったのに……、と思ってしまいます。ついこないだまで、あの子たちは何でもできる年長さんとして保育園のことはすべて自分たちで考えてやっていました。小さな赤ちゃんの面倒をみることも、年少さんたちのけんかをとめることも、お着替えもトイレもなんでもできます。とって

わくわく、どきどき……そしてちょっぴり誇らしげ。学童の庭や校庭の地面をほじくって、ボールの中はミミズでいっぱい。「186匹みつけたよ！」「数えたの!?」

も頼りになる年長さんです。ところが、小学校に上がると途端に何もできない一年生になってしまうのです。何もできない一年生として、六年生に手を引かれている姿を見ると、あの子たちはもっといろんなことができるのにな、もったいないなと感じます」

Ｉ先生は驚きました。Ｉ先生自身が、一年生は「何もできない」存在として捉えていたことに気づいたからです。長年、子ども参加にかかわってきて、自分の中にまだまだ偏見があることに気づいたと述べていました。

学童保育支援員からはその対極の話を聴いたことがあります。小学校でタテ割り活動をするとどうしても六年生がリーダーになってしまう。しかし、学童では二、三年生もリーダーを経験できるから教室では見ることのできない成長を目の当たりにすることがあります、と。

周囲のおとながどんなまなざしで子どもを見ているのかによって子どもの成長・発達が変わってくるというのは、非常に興味深いことです。一年生は何もできない、と決めつけるのではなく、今どんな力があるのかなと目の前の子どもを観察してみるとおもしろい発見があるかもしれません。学童保育だからできる子どもの意見表明・参加があるように思います。

第３章　「子どもの権利条約」を知る

１．お気に入りの条文をさがそう！

次頁は、子どもの権利条約の見出しを抜き出したものです。あなたのお気に入りの権利を一つ探し、その条文を選んだ理由も考えてみてください。見出しだけでは内容がよくわからないという人は、第Ⅱ部の解説をチェックしてみてください。

２．子どもの権利条約で何が変わったのか

２―１．子ども虐待

毎日のように、子ども虐待のニュースを目にします。

厚生労働省によれば二〇一八年度中に全国二一二か所の児童相談所が児童虐待相談として対応

表1 【国連子どもの権利条約】

条	内容	条	内容
第1条	子どもの定義	第24条	健康・医療への権利
第2条	差別の禁止	第25条	施設等に措置された子どもの定期的審査
第3条	子どもの最善の利益	第26条	社会保障への権利
第4条	締約国の実施義務	第27条	生活水準への権利
第5条	親の指導の尊重	第28条	教育への権利
第6条	生命への権利、生存・発達の確保	第29条	教育の目的
第7条	名前・国籍を得る権利、親を知り養育される権利	第30条	少数者・先住民の子どもの権利
第8条	アイデンティティの保全	第31条	休息・余暇、遊び、文化的・芸術的生活への参加
第9条	親からの分離禁止と分離のための手続き	第32条	経済的搾取・有害労働からの保護
第10条	家族再会のための出入国	第33条	麻薬・向精神薬からの保護
第11条	国外不法移送・不返還の防止	第34条	性的搾取・虐待からの保護
第12条	意見表明権	第35条	誘拐・売買・取引の防止
第13条	表現・情報の自由	第36条	他のあらゆる形態の搾取からの保護
第14条	思想・良心・宗教の自由	第37条	死刑・拷問等の禁止、自由を奪われた子どもの適正な取り扱い
第15条	結社・集会の自由	第38条	武力紛争における子どもの保護
第16条	プライバシィ・通信・名誉の保護	第39条	犠牲になった子どもの心身の回復と社会復帰
第17条	適切な情報へのアクセス	第40条	少年司法
第18条	親の第一次的養育責任と国の援助	第41条	既存の権利の確保
第19条	親による虐待・放任・搾取からの保護	第42条	条約広報義務
第20条	家庭環境を奪われた子どもの保護	第43条	子どもの権利委員会の設置
第21条	養子縁組	第44条	締約国の報告義務
第22条	難民の子どもの保護・援助	第45～54条	手続き事務事項など（省略）
第23条	障害児の権利		

した件数は、一五九、八五〇件（速報値）となりました（図2・三七頁）。統計を取り始めた一九九〇（平成二）年が一、一〇一件ですからこの三〇年余りで一五〇倍近くとなっています。二〇一五（平成二七）年七月には児童相談所全国共通ダイヤル「一八九」（いちはやく）が導入され相談がしやすくなりました。

子どもの権利条約では第一九条で親による虐待・放任・搾取からの保護を定めています。子ども虐待への対応は、子どもの権利条約によってずいぶん変化してきました。

もともと児童福祉法のなかには、子どもへの虐待に関して通告義務（児童福祉法第二五条）[4]や一時保護（児童福祉法第三三条）[5]などを定めた条文があります。しかしこれらは一般に知られておらず、じゅうぶんに機能していませんでした。一九九〇年代に入って子ども虐待が次第に社会問題化していくなかで、一九九四年の子どもの権利条約批准は大きな後押しになります。批准後の二〇〇〇年、ようやく児童虐待防止法（児童虐待の防止等に関する法律）ができました。

この法律で定める虐待とは、①殴る・蹴る・つねるなどの身体的虐待、②子どもにわいせつな行為をしたりさせたりする性的虐待、③長時間放置したり食事を与えないネグレクト、④言葉や態度で子どもを否定したり拒絶する心理的虐待の四つを指します。ところでこの四つのなかで内容別相談件数が最も多いのはどれだと思いますか。

二〇一八年度の児童虐待の相談種別対応件数をみると、最も多いのが④の心理的虐待で五五・三％（八八、三八九件）、次が①の身体的虐待で二五・二％（四〇、二五六件）、そして③ネグレクト一八・四％（二九、四七四件）、②性的虐待一・一％（一、七三一件）となっています（速報値）。心理的虐待は二〇一一年度まで三割を切っていたのですが、近年増加が激しくなっています。児童虐待相談対応件数が大幅に増加した自治体からの聴き取りによると、心理的虐待が増加したのは、子どもが同居する家庭で配偶者に対する暴力（DV＝ドメスティックバイオレンス）があった場合の警察からの通告が増加したためです。子どもが目の前でDVを見せられることは心理的虐待に当たります。学童期であれば同じ服ばかり着ている、ご飯を食べさせてもらっていないなどからネグレクトを発見することが可能ですが、子どもが親を介さず別のおとなとかかわる機会の少ない乳幼児期では見つけにくいと思われます。性的虐待は、なおさら見つけにくいでしょう。件数となって表面化したものは、あくまで氷山の一角であって、まだまだ多くの虐待が隠れていると考えられます。

虐待の被害をこうむる子どもたちの年齢区分は、図3からわかるように、その多くが七―一二才の小学生世代です。みなさんの学童保育にやってくる子どもたちが虐待の被害に遭うかもしれないこと・遭っていることはじゅうぶん考えられます。ですから、学童保育の支援員自身が虐待とはなんであって、発見したらどうすればいいのかを絶対に知らなくてはなりません。

2―2．子どもへの体罰

体罰に関しても大きな変化が見られます。その契機の一つは、二〇一九年一月にジュネーブで開催された国連子どもの権利委員会による日本政府の第四回・第五回統合定期報告書の審査でした。

図２　児童虐待相談対応件数の推移

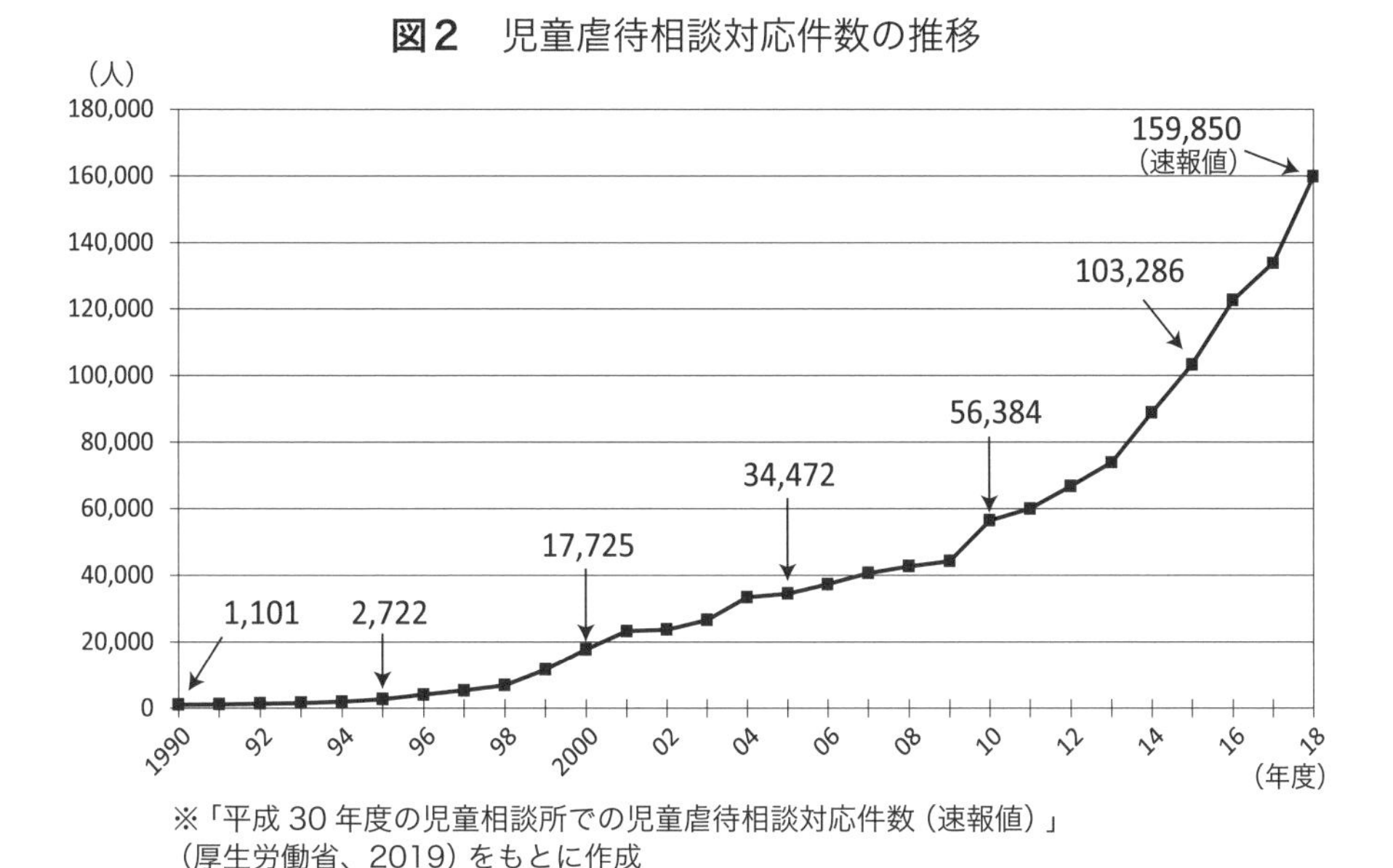

※「平成30年度の児童相談所での児童虐待相談対応件数（速報値）」
（厚生労働省、2019）をもとに作成

図３　被虐待者の年齢別対応件数の割合（2018年度、厚生労働省）

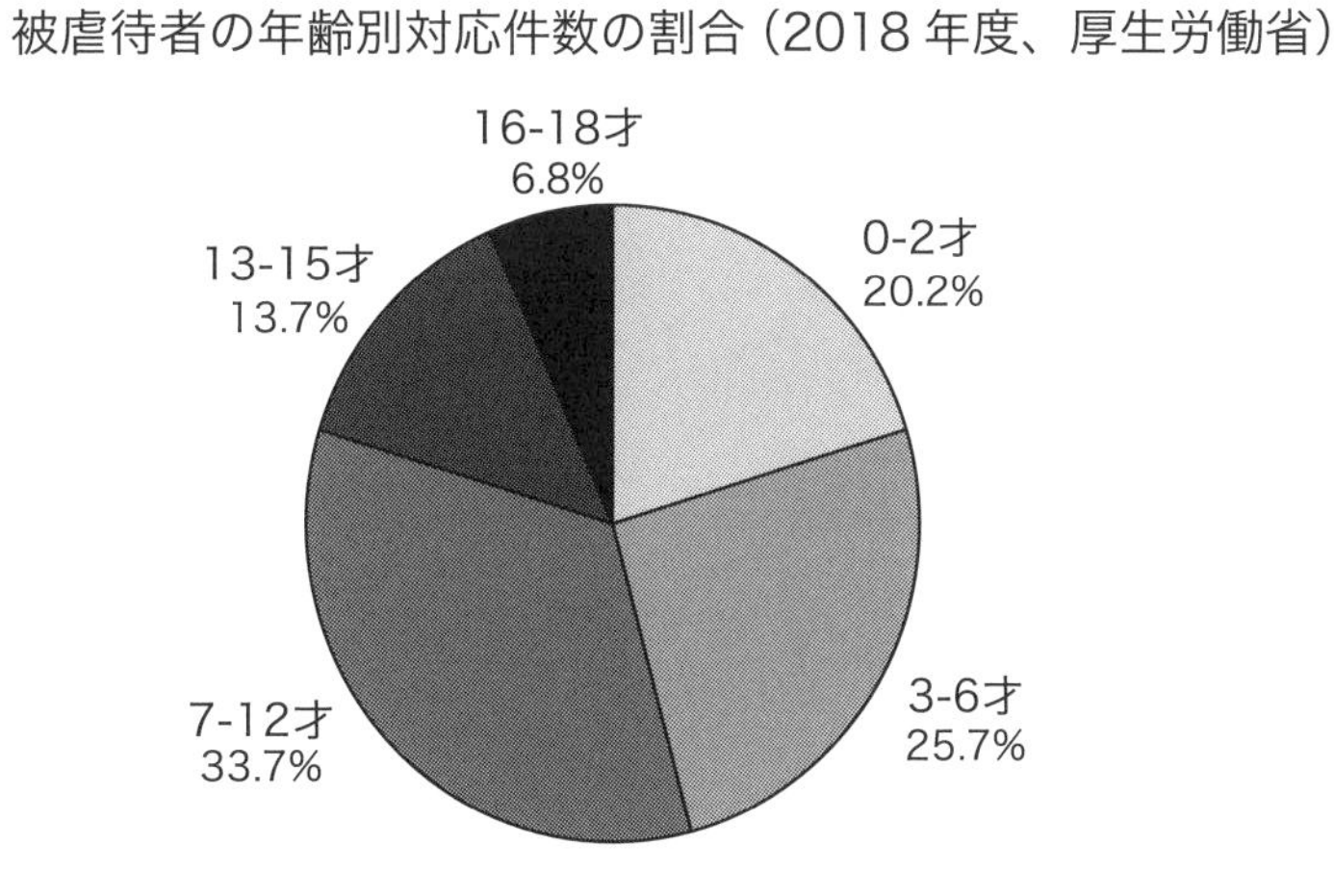

体罰は子どもに対する暴力です。政府報告書の審査では、学校における体罰禁止が効果的に実施されていないこと、家庭等における体罰が法律で全面的に禁じられていないことに対し深刻な懸念が示されました。学校での体罰は学校教育法第一一条[6]で禁止されているにもかかわらずなくなっていませんし、家庭では「しつけ」という名の体罰がまだまだ見られます。審査の場面では、体罰をめぐって法務省と厚生労働省の回答が食い違う場面もありました。

国連子どもの権利委員会委員からの、体罰等の全面禁止を検討していないのかという問いに法務省は「大前提として民法で懲戒権[7]を定めている」「そもそも体罰を法律上どのように定義するのか明確ではないため、この場で答えるのが難しい」と回答しました。これに対し、厚生労働省は「体罰は百害あって一利なし、というスローガンで家庭に周知している」と説明しています（川上、二〇一九：二四―二五）。

国連子どもの権利委員会は、これらの議論を踏まえて「家庭、代替的養護および保育の現場ならびに刑事施設を含むあらゆる場面におけるあらゆる体罰を、いかに軽いものであっても、法律（とくに児童虐待防止法および民法）において明示的かつ全面的に禁止すること」（二〇一九）を勧告しました。

ちょうど、千葉県野田市で親からの虐待により小学校四年生の女の子が亡くなった事件が大きく報道された時期でした。逮捕された父親は「しつけのためだった」と供述しました。子どもへの体罰は、これまでも〝しつけ〟として正当化されてきました。日本社会全体にも、体罰を容認する空気があったと言えます。これが大きく変わり始めました。

まず、東京都が保護者の体罰禁止を盛り込んだ条例を可決しました。これは、二〇一八年に目黒区で起きた当時五歳の女の子が虐待で亡くなった事件を発端としています。保護責任者遺棄致死などの罪に問われた父親は「自分のしつけが正しいと強く思い過ぎ、うまくいかないいらだちが暴力に向いていった」と公判で述べました。

その後、国も動きます。二〇一九年六月一九日には、児童虐待の防止強化に向けた改正児童福祉法などが参院で可決成立しました。これにより、保護者による体罰禁止が明記されることとなりました。学校と共に家庭での体罰も禁止されたのです。もちろん、学童保育でも体罰は許されません。ちょっと頬や頭を叩くようないかに軽いものであってもあらゆる体罰を全面的に禁止する――そのためには、何が必要でしょうか。法的には、懲戒権についての議論が必要です。民法では、懲戒権を以下のように定めています。

第８２０条【監護及び教育の権利義務】　親権を行う者は、子の利益のために子の監護及び教育をする権利を有し、義務を負う。
第８２２条【懲戒】　親権を行う者は、第８２０条の規定による監護及び教育に必要な範囲内でその子を懲戒することができる。

懲戒とは、制裁を加えること、こらしめることです。二〇二二年二月、法制審議会は懲戒権を規定した民法第八二二条を削除し、体罰禁止と子の人格の尊重を明記した民法改正要綱を答申、今後法改正が見込まれます。しつけを名目とした体罰の禁止に向けた重要な一歩といえます。

実践的には、どうでしょうか。子どもに対するしつけの方法は、学校では習いません。かといって親になれば自然としつけができるようになるかといえば、そんなこともありません。多くの親や支援者がしつけについて日々頭を悩ませています。体罰によらないしつけの方法を親や教師、支援員が考えたり、学習する機会が求められます。

2―3. 学童保育とのかかわり

子どもの権利条約は、学童保育にどう関係するのでしょうか。平成三〇（二〇一八）年七月二七日にだされた「総合的な放課後児童対策に向けて　社会保障審議会児童部会　放課後児童対策に関する専門委員会　中間とりまとめ」（以下、「中間とりまとめ」）をもとに考えていきます。まず忘れてはならないことは児童福祉法の改正です。

平成二八（二〇一六）年の児童福祉法改正では、第一条（児童の福祉を保障するための原理）の冒頭で、「全て児童は、児童の権利に関する条約の精神にのっとり、適切に養育されること」と定められました。国内法において、子どもの権利が明文化されたのです。

子どもの権利を保障する社会資源[8]の一つが、児童福祉法上の児童厚生施設や放課後児童健全育成事業である学童保育です。児童福祉法の視点からみれば、児童厚生施設や学童保育の育成観は、「児童の権利に関する条約の精神にのっとって育成する」ことでなければならないわけです。

つまり、学童保育では、すべての子どもに対して、子どもの最善の利益をいかに実現していくかを考えながら実践を重ねることが求められます。このことはすでに放課後児童クラブ運営指針（二〇一五）の策定にあたっても指摘されていました。

子どもの最善の利益を保障していくにあたって重要なことは**子どもの意見表明権**です。児童福祉法第二条では「全て国民は、児童が良好な環境において生まれ、かつ、社会のあらゆる分野において、児童の年齢及び発達の程度に応じて、その意見が尊重され、その最善の利益が優先して考慮され、心身ともに健やかに育成されるよう努めなければならない。」としています。これを受けて放課後児童クラブ運営指針では「二．放課後児童健全育成事業の役割（二）」において「放課後児童健全育成事業の運営主体及び放課後児童クラブは、児童の権利に関する条約の理念に基づき、子どもの最善の利益を考慮して育成支援を推進することに努めなければならない。」としました。

『放課後児童クラブ運営指針解説書』[9]では、子どもの権利条約第三条子どもの最善の利益について「子どもの人権を尊重し、放課後児童支援員等の大人の利益が子どもの利益よりも優先されてはならないことの重要性を表すもの」と書かれています。そして、「子どもの最善の利益を考慮して育成支援を進めるためには、子どもの立場に立ち、将来的・長期的視点から子どもにとっての最大限の権利を保障するという観点から、育成支援の内容や放課後児童クラブの果たすべき役割を考える必要があります。」と指摘しました。

子どもたちが自己の意見を表明できるように成長していくには、幼いころから自分で考え、決定するという経験の積み重ねが必要です。ときにはうまくいかないこともありますが、次はどうすればいいのか、工夫を重ねながら自分なりの考えが育まれていきます。

はじめから意見を言える子どもたちばかりではありません。自分の意見を言っていいのかどうか、自信がない子どもの方が多いように思います。このおとなは信頼できるかな、言っても怒らないかなと、子どもは様子をうかがっています。そして、このおとなはきっと大丈夫だと思えたとき、ようやく口を開いてくれます。おとなに自分の気持ちや言葉を受け止めてもらえた経験があればこそ、子どもたちは意見を表明できるようになっていきます。

このことは、大人側からみれば、発達しつつある子どもの意見に耳を傾け、気持ちを受け止め、意図を汲み取ることに他なりません。「中間とりまとめ」では、このようにして「大人と子どもが一緒に決定していくというプロセスによって、最善の利益が達成されると考えられる。」と指摘しています。

学童保育では子どもの権利条約と児童福祉法の理念を踏まえ、子どもの主体性を尊重した育成が求められます。みなさんの学童保育はどうでしょうか。子どもたちの主体性や自己決定力を育む学童保育になっているでしょうか。

「中間とりまとめ」ではおとなと子どもの関係を「コインの裏表」に例えました。「子どもの最善の利益を保障しようとする大人の責務と、子どもの主体性や自己決定力の尊重や育成とは、コインの裏表のように表裏一体のものでもあると言える。これを、放課後児童対策における育成の視点の基底におかねばならない。」――学童保育にかかわるおとなが子どもの権利条約を知らないではすまされないことがよくわかる一文です。

とはいえ、子どもの権利条約の内容をわかりやすく学ぶ機会はそれほど多くありません。そこで、次に子どもの権利条約をもう少し詳しく見ていきたいと思います。

3．子どもと考える子どもの権利条約

子どもたちと一緒に子どもの権利条約について学ぶワークショップ[10]をすると、お気に入りの条文として何条を選ぶと思いますか。ぜひみなさんの学童保育でもやってみてほしいです。

小学生世代

第31条　休息・余暇、遊び、文化的・芸術的生活への参加

まず、小学生世代で圧倒的に多いのは、第三一条「休息・余暇、遊び、文化的・芸術的生活への参加」です。この中でも特に「遊び」です。「遊びが権利なの!?」と目を輝かせます。鬼ごっこをするのもドッジボールも、カードゲームも携帯型ゲーム機も、全部子どもにとっては大事な遊びで

す。遊びが子どもの権利であるということに驚き、なんだかうれしくなり、なかには「親に教えてあげる」という子もいます。そして多くの子どもたちは「もっと、遊びたい！」と言います。

遊びに関しては「権利が保障されていない」と感じる子が多いようです。家でも学校でも、「遊んでばかりいないで勉強しなさい！」と言われてしまうのですよね。

三一条を知ったある男の子から「夏の夕焼けチャイムが早すぎる！」という声が上がりました。自治体が、子どもたちの帰宅時間の目安として防災無線を使って流すものに「夕焼けチャイム」があります。「まだ暗くなってないのに帰らなきゃいけない。もっと遊びたい」というのです。他の子どもたちからもそうだ、と賛同の声が上がりました。夕焼けチャイムが鳴る時間帯は、東京都板橋区では三月一日〜九月三〇日までが「午後五時三〇分」ですが、埼玉県戸田市では五月一日〜八月三一日までが「午後六時」といったように、自治体ごとに異なります。子どもたちと一緒に時間を考える取り組みがあってもいいかもしれません。

第39条　犠牲になった子どもの心身の回復と社会復帰

小学校六年生の女の子が選んだのは第三九条「犠牲になった子どもの心身の回復と社会復帰」でした。この条文は、放任や搾取・虐待（一九条・三二条・三四条）、拷問や非人道的な扱い（三七条）、刑罰（四〇条）、武力紛争（三八条）などで犠牲になった子どもの心身の回復のために、国があらゆる適当な措置をとることを定めています。

女の子は「いま日本に戦争があるわけじゃないけど……わたしのクラスはいじめがひどいです。みんな順番にいじめられていて、友達もいじめられたし、わたしもいじめられました。戦争ではないけれどいじめもとてもきついです。だから、いじめで犠牲になった子どものこころとからだの回復を支えてくれる条文があるならばとても心強いと思ってこの条文を選びました」というのです。

順番にいじめられ、子どもの権利が侵害されている状況を周囲のおとなが放置しているとしたら、それは早急に対応すべきことです。この女の子の指摘するように、犠牲になった子どもたちがこころとからだを取り戻すことができるように子どもたちと一緒に声をあげ法や制度を整えたり、子どもへの接し方を変えていく必要があります。

中学生世代

第16条　プライバシー・通信・名誉の保護

中学生世代がもっとも多く選ぶのは、第一六条「プライバシー・通信・名誉の保護」です。「親が勝手に部屋を片付ける」「スマホを見られた」などプライバシーが守られていない例がたくさん出てきます。

子どもが小学生になったときに非常に驚いた出来事がありました。授業参観の日、懇談会前に自分の子どもの席に座ったとたん、保護者が一斉に机のなかをチェックし始めたのです。そして、くしゃくしゃになったプリントを取り出して、怒っている人もいました。保護者とはいえ、子どもの机の中を本人の同意なしに探るのは条約第一六条から言ってどうなんだろう……子どもにもプライバシーの権利があるのにと、うなった覚えがあります。みなさんはどう思われますか？

子どもは親の所有物ではありません。子どもの物は親が勝手に見ていい物、でもありません。親はよいと思っても、子どもが嫌がることもあります。その最たるものが、子どものプライバシーにかかわることではないでしょうか。そうは言っても……と思われたみなさん、みなさんが中高生の頃を思い出してみてください。「親が勝手に部屋に入ってきてやめてほしいといった」「友達のことをしつこく聞かれて嫌だった」……なんて記憶はありませんか。

とはいえ、子どものプライバシーに一切関知するな、と言っているわけではありません。むしろ、子ども自身が自分のプライバシーを守っていけるように、親は支える責任があります。

中学生が直面する課題に、ＳＮＳ上のトラブルがあります。写真の位置情報や文化祭・体育祭のようすなど、個人が特定されかねない情報をあまり考えずにＳＮＳで発信してしまうのです。このような、ネット上でのプライバシー保護については、家庭内でのルールを決める、あらかじめ想定される危険を伝える、何か問題が生じたらすぐに相談するなど、各家庭に応じて決めていく必要があろうかと思います。

子どもの世界を尊重しつつ、危険が伴いそうな場合は一緒に考える、そうやっていくことで子どもは自分の権利を行使することができるようになり自立が促されていきます。

高校生世代

高校生世代では、第一九条「家庭環境を奪われた子どもの保護・援助」や第二二条「難民の子どもの保護・援助」、第二三条「障害児の権利」を挙げる子がいました。友達が児童養護施設から通っていたり、学校で難民の子どもの支援をしていたり、きょうだいに障碍があったりと、身近な経験を通して他者の権利に考えが広がっているようすが垣間見えました。

自分たちに関することでは、第三一条「休息・余暇、遊び、文化的・芸術的生活への参加」を挙げる子も多くいました。小学生が「遊び」の権利に喜ぶのとは異なり、「休息」にひきつけられるようです。高校生はとにかく忙しい。「学校も部活も楽しいけれど休みがない」「学校が終わってアルバイトをしていて、休む時間がない」と、休みを求める声は切実です。

子ども全般

第12条　意見表明権

第一二条「意見表明権」はどの世代でもでてきます。多くの子どもたちは、「え？　おとなに意見を聴いてもらえる権利があるの？」とびっくりします。「おとなのいうことは聴かなきゃいけない。意見なんて言っても聴いてもらえないと思っていた」という子もいます。

「おとなに意見を聴いてほしいと思ったときってどんなとき？」と質問してみたところ、ある中学生は、ファミレスに行ったとき、と答えました。「最初、親はなんでも注文していいと言ったのに、自分が決めたものに対してこっちのセットの方がいいんじゃないかとか、サラダをつけなさいとか、いちいちうるさい」「ファミレスのメニューくらい自分で決めたい」――思わず笑ってしまいましたが、心当たりがあります。親としては、栄養や値段を考えてつい余計な一言を言ってしまうのですよね。

家でご飯を食べるときはちゃんと野菜を食べるから、外食の時くらい好きなものを食べたい、と中学生がつぶやいていました。その言葉を聞いたほかの子どもたちも、うんうんと頷きます。子どもなりにいろいろ考えているのに、なぜ親はそれを聴かずに決めつけるのか、そこにはやはり親の内面にある子ども観がかかわっているといえるでしょう。

ある大学生は、引っ越し、だといいます。親の転勤だから仕方ないのはわかる。けれど、大切な友達と別れたくなかったし、転校するのもいやだった。だから、急に「決まったこと」として引っ越しを一方的に伝えるのではなく、自分の気持ちも聴いてほしかった、と。転校したのは小学校のときだったそうです。それからずーっと引っ越しに対するいやな気持ちを引きずってきました。状況は変えられないとしても、そのときの子どもの気持ちを受け止めることでおとながおとなができることはたくさんあるのではないかと思います。

４．権利を力に

子どもの権利だけでなく、学童保育支援員自身にどんな権利があるのかを知ることも重要です。

ある相談機関に「同級生にいじめられている、助けて！」という中学生からの電話がかかってきました。話を聴いていくうちに「お母さんには話した。でも、我慢しなさいって言われた」というのです。この言葉の意味は、中学生とその家庭の状況を調査していくうちにだんだんとわかってきました。専業主婦の母親は、長年父親からのＤＶを受けていました。家計にお金をいれてくれないと生活が立ち行かなくなってしまうので、母親は暴力・暴言をひたすら我慢してきたと言います。

配偶者からの暴力・暴言はどんな状況であっても許されるものではありません。日本には「配偶者からの暴力の防止及び被害者の保護等に関する法律」があり、配偶者からの暴力は人権侵害であることが明記されています。いじめも子どもの権利侵害であり、いじめられている子どもの権利救済が求められます。この中学生のケースでは、母親は自分の権利が侵害されているにもかかわらずＤＶに耐え続けるしかないと思い込んでおり、子どもがいじめにあっていることがわかっても自分と同様に我慢することを強いたわけです。自分の権利を知らない大人が、子どもの権利を保障することができるでしょうか。

日本国憲法では基本的人権について以下のように規定しています。

第11条【基本的人権の享有と性質】 国民は、すべての基本的人権の享有を妨げられない。この憲法が国民に保障する基本的人権は、侵すことのできない永久の権利として、現在及び将来の国民に与へられる。

第12条【自由・権利の保持義務、濫用の禁止、利用の責任】 この憲法が国民に保障する自由及び権利は、国民の不断の努力によつて、これを保持しなければならない。又、国民は、これを濫用してはならないのであつて、常に公共の福祉のためにこれを利用する責任を負ふ。

第96条【基本的人権の本質】 この憲法が日本国民に保障する基本的人権は、人類の多年にわたる自由獲得の努力の成果であつて、これらの権利は、過去幾多の試練に堪へ、現在及び将来の国民に対し、侵すことのできない永久の権利として信託されたものである。

基本的人権は、「侵すことのできない永久の権利として、現在及び将来の国民に与へられる」ものであるとともに「国民の不断の努力によって」これを保持しなければならないとします。それは、「人類の多年にわたる自由獲得の努力の成果であつて、過去幾多の試練に堪へ」てきたからです。「国民の不断の努力」という言葉に注目してください。人権は何もしなくてもいつの間にか保障されている、というものではありません。むしろ、絶えず状況のなかで考え、議論し、勝ち取っていくものです。たとえば、学童保育の中で先輩や理事会が「なんだかおかしいな」「変だな」というようなことを押し付けてきたことはありませんか。そんなときは、どうか声をあげてみてください。ひとりで声をあげるのはちょっと勇気がいるので、まずは誰か話を聴いてくれそうな仲間をみつけてみてください。そして一緒に作戦を練ってみましょう。何も言わなければ、あなたの権利も子どもの権利も守られないかもしれません。

子どもの権利条約によって、子どもの権利を保障する国際的な枠組みはできました。しかし、国内での法律や環境の整備はまだまだ十分とはいえません。また、子ども支援の専門性が必要であるにも関わらず、学童保育支援員の処遇は、決して良いとはいえません。厚生労働省の処遇改善事業も市町村の利用率が低いままです。

支援員が自らの権利を知り、処遇改善のために声をあげることは、ひいては子どもの権利保障につながります。学童保育の現場で見えてきた子どもの課題――たとえば、海外とつながりのある子ども[(11)]のこと、ＬＧＢＴＱ[(12)]の子どもたちのこと――を広く社会に発信していくことも、子どもの権利を保障する大切な一歩となります。

コラム② 権利と義務ってセットなの？

「義務を果たしてから、権利を主張しなさい」

そんな言葉をよく耳にしますが、これは正しくありません。権利は、義務を果たしたご褒美にもらえるもの、ではないからです。基本的人権は、生まれながらに誰もが有するものです。

「え？ でも、スーパーで物を買ったらお金を払わないといけないでしょ？ 権利と義務がセットじゃないならば、お金を払わなくてもいいの？」と、思われるかもしれません。これは人と人との間の売買契約のお話しです。その場合、物を買うときには支払う義務が生じます。

しかし、基本的人権は人と国家との間に生じるものです。権利は人にあり、義務は国家にあります。子どもの権利条約を見てください。全五四条のどこを探しても、子どもの義務は定められていません。あるのは、国や自治体が子どもの権利を保障するためにしなければいけない義務です。

改めて、日本国憲法第一二条を読んでみましょう。

第一二条 この憲法が国民に保障する自由及び権利は、国民の不断の努力によつて、これを保持しなければならない。又、国民は、これを濫用してはならないのであつて、常に公共の福祉のためにこれを利用する責任を負ふ。

column

ここに定められているのは、国民の権利です。もうひとつ気になる言葉が出てきましたね。「責任」という言葉です。日本国憲法で保障する自由と権利を濫用しないこと、常に公共の福祉のために利用する責任を負う、とあります。権利は私にもあるけれどあなたにもあります。誰もが有する権利を、お互いに尊重する責任がありますよ、ということです。

さて、「責任」を子ども支援の視点から考えてみましょう。あなたの学童保育では、子どもが責任を果たすことで、ぐんと成長する場面に出会ったことはありませんか。

たとえば、子どもたちの発案でけん玉大会が開催されることになったとします。子どもの権利条約第一二条や第三一条の行使ですね。ところが、実行委員の子どもがまったく準備をしなかったらどうなるでしょうか。けん玉大会が開催できないかもしれません。このとき、みなさんだったらどんな声かけをしますか。

「あなたが言い出したのだからやりなさい」「何か、手伝うことある?」「一緒にやろうよ」いろんな声かけ・はたらきかけが考えられます。どうかかわれば子どもが子どもなりに責任を果たしていけるか。あまりにも責任が重すぎると、子どもの小さな背中では抱えきれないかもしれないので、仲間と分かち合ったり、おとながちょっと手助けしたりする場面もあっていいでしょう。

子どもが権利を行使し、責任を果たしていく過程は、子どもの成長を促す大切な時間です。

コラム③　学童保育とジェンダー

一五三か国中一二一位、何の順位かわかりますか。

これは、世界経済フォーラムが二〇一九年一二月に発表した日本のグローバル・ジェンダー・ギャップ指数の順位です。ジェンダー・ギャップ指数は、男女の格差を経済・教育・健康・政治の四分野一四項目のデータから比較したものです。一二一位というのはG７（主要七か国）で最下位なのはもちろんのこと、過去最低を更新する順位となりました。なかでも日本の政治分野の一四四位というのは驚くほど低い順位といえます。

ジェンダーは、「男らしさ」「女らしさ」といった社会・文化的な性差です。子どもが社会化されるプロセスで学習されていきます。その社会や文化が求める「男らしさ」「女らしさ」によって生きづらさを感じる子どもたちがいます。ジェンダー・ギャップ指数を示す順位が低いということは、男女の格差が大きく、「男らしさ」「女らしさ」を強要される社会であるということです。

「男らしさ」「女らしさ」によって生きづらさを感じることのひとつに、性同一性障害があります。性同一性障害（Gender Identity Disorder：GID）は、「身体の性」と「心の性」が一致しないため、自分の身体に対し、性別違和感をいだきます。二〇〇九年までに岡山大学病院ジェンダークリニックを受診した性同一性障害の当事者一、一六七名のうち、性別違和感を持ち始めた時期に関して半数以上が「物心ついた頃から」と回答し、中学生までに約九割が性別違和感を持っていました。つまり、二次性徴が始まる小学高学年～中学生の頃には、性別違和感が明確になっているのです（中塚、二〇一五）。その前段階である学童保育の時期は、性同一性障害の子どもたちにとって非常に重要な時期であると言えます。

ちょうどこの時期に性同一性障害の当事者が直面した困難としては、自殺念慮（自殺することについて思いめぐらすこと）が五八・六%、不登校二九・四%、自傷・自殺未遂二八・四%、精神科合併症一六・五%となっており、二次性徴による身体の変化への焦燥感に、制服や恋愛の問題が加わり自殺念慮が高くなっていることが指摘されています（中塚、二〇一〇）。性同一性障害の子どもに対し、学童保育支援員が「男／女らしくしなさい」などと言ってしまったらどうでしょうか。「身体の性」と「心の性」の違和感に悩んでいるときに、「心の性」とは異なるジェンダーを強要されることは子どもの生きづらさを強めることになるでしょう。

性同一性障害の子どもたちに対するサポートは少しずつ進み始めています。中野区立の中学校では二〇一九年度から女子もスラックスを制服として選べるようになりました。世田谷区でも男女問わずスラックスとスカートを選ぶことができます。港区は二〇二〇年二月の男女平等参画条例改正により、性表現の自由の尊重を明記したことで、子どもが望む制服を選べるようになる見込みです。

ブルーは男子、ピンクは女子といった男女の色分け、声かけの仕方など、ジェンダーの刷り込みは身近なところに潜んでいます。「男らしく」「女らしく」ではなく、子どもが「自分らしく」生きるために学童保育支援員は何ができるかを今一度問うてみませんか。

第4章　子どもの権利条約を学童保育で活かす

1．人間の本質としての遊び

第4章では、遊びを中心に、子どもの権利条約を学童保育で活かすためのヒントを考えていきたいと思います。

みなさんは子どもの頃、何をして遊んでいましたか。

鬼ごっこやかくれんぼ、ドロケイ（ケイドロ）、ドッジボールやサッカーといった外遊びを思い出す人もいれば、室内でけん玉やコマ、カードゲームやボードゲームをしたという人もいるでしょう。友達と一緒に何かをするのが好きな子もいれば、ひとりで遊ぶのが好きな子もいます。地域や仲間独特のルールがあったり、自分たちで遊びをつくりだした人もいるかもしれません。学童保育では、子どもたちの遊びの世界の豊かさを感じることも多いのではないかと思います。

ところが、多くのおとなは遊びをあまり重要だと思っていません。「遊んでばかりいないで勉強しなさい」という声はよく耳にしますが、「勉強ばかりしていないで、もっと遊びなさい」とは言いませんよね。それでは、遊びは、子どもの成長にとって無駄なことなのでしょうか。あるいは、遊びは勉強した子どもだけに与えられるご褒美なのでしょうか。

オランダの歴史学者であるホイジンガは、**遊びこそ人間の本質である**とし、「ホモ・ルーデンス（遊ぶ人）」を考案しました。ホイジンガは、政治・法律・学問・スポーツといった人間の文化について、**「文化は遊びとして始まるのでもなく、遊びから始まるのでもない。遊びのなかに始まるのだ。」**[13]と主張しました。これは示唆に富んでいます。多くのおとなたちは、遊びよりも勉強が大事だと信じ込んでいますが、もしかするとそうではないのかもしれません。

遊びは子どもの内から自然とわきあがるものです。「勉強しなさい」と言ってもしない子はたくさんいますが、「遊びなさい」と言われなくても子どもたちはいつの間にか遊び始めています。むしろ、遊ぶなと言われてもついつい手遊びをしてしまいます。このことにはきっと何らかの意味があるはずです。

遊びは、主体性と自己決定のかたまりです。誰かから管理強制されるのではなく、自分で考え自分で選び、決めて動く。ルールを決めるのも自分たちです。しかもワクワクドキドキする。遊びによって子どもの成長発達を促していく拠点は、学童保育と児童館だろうと思います。

ある幼稚園の園長先生とお話ししていたときのことです。「小中学校の先生たちは、幼稚園の教諭より自分たちの方が上だと思っている。幼児教育の専門性を下に見ている」といきどおっていました。これは幼稚園に限ったことではありません。学童保育支援員も小学校教諭からなんだか下に見られているような印象を受けたことがあるのではないでしょうか。

専門性を考えたとき、学童保育の専門性は小学校教諭よりも低いのでしょうか。いいえ違います。両者の専門性は、その中身が異なるととらえるべきです。小学校教諭の専門性は、子ども理解を土台として小学校における教育を担っていくことです。そして、子どもの遊びと生活という点で子どもの放課後を保障していくのが学童保育支援員の専門性です。

2. 忘れられた権利としての遊び――遊びの法的制度化の歴史

子どもにとって身近なはずの遊び。しかし、この遊びの権利は、国際的にみてもあまり保障されているとはいえない状況にあります。

第3章でみたように、遊びは、国連子どもの権利条約第三一条で規定されています。しかし、「忘れられた権利」と呼ばれ国際的な研究は十分ではありません（Hodgkin & Newell, 二〇〇七）。国連子どもの権利委員会も、条約の実施状況に関して一般的意見一七号「休息、余暇、遊び、レクリエーション活動、文化的生活および芸術に対する子どもの権利（第三一条）」のなかで「第三一条に掲げられた諸権利に対する各国の認識が不十分である」と指摘しているほどです。[14] 子どもたちから遊びが奪われているのは世界共通なのです。

子どもの遊びの権利を法的に保障しようという動きは、一九二二年の「世界児童憲章」にさかのぼります。このとき、遊びの権利は主に「遊び場の整備」に焦点が当てられていました。

世界児童憲章25

すべての学校は、遊び場をもたなければならない。かつ、広い土地に恵まれないすべての子どもが通える範囲内に放課後使用できる遊び場をもたなければならない。これらの遊び場は、単なるあき地ではなく、子どもに対して、仕事の手立てや楽しみ、興味を与えるように整備されなければならない。

「広い土地に恵まれないすべての子どもが通える範囲内に放課後に使える遊び場」をもたなければならないという指摘は、現代日本の放課後を考える上でも参考になります。一方で、これらの遊び場は「仕事の手立てや楽しみ、興味を与えるように」という教育的な視点が盛り込まれているのがわかります。このような、遊びへ向けられた教育的なまなざしはやがて一九五九年の「子どもの権利宣言」へと引き継がれていくことになります。

一九五九年一一月二〇日、第一四回国連総会において「子どもの権利宣言（Declaration of the

Rights of the Child)」が採択されました。「子どもの権利宣言」では、第七条の第一段落で教育について、第七条の三段落で遊びについて宣言されています。

子どもの権利宣言　第7条　3段落
子どもは遊びとレクリエーションのための十分な機会をもたなければならない。その遊びとレクリエーションは、教育と同じ目的に向けられなければならない。社会および公の機関は、この権利の享有を促進するよう努力しなければならない。

「子どもの権利宣言」では、遊びとレクリエーションの権利が、教育と同等の位置づけで規定されており、そのことが画期的な意義をもつとされてきました（増山均、二〇〇四）。一方で、遊びが「教育と同じ目的に向けられ」るとはどういうことでしょうか。第七条一の一段落には「能力、判断力、道徳と社会的責任を発達させ、社会の有用な一員となる」ことが教育の目的として規定されています。

子どもの権利宣言では、確かに遊びのための十分な機会の保障が目指されています。けれど、その遊びはおとなから与えられ教育と同じ目的を達成するためのものなのです。子どもが遊びの全面的主体であるとは言い難いのではないでしょうか。

その後、一九七〇年代にはいくつかの国際ＮＧＯが遊びやレクリエーションに関する法的な枠組みをつくろうとします。そのなかでも重要なのは、一九七七年一一月「ＩＰＡ（International Play Association：子どもの遊ぶ権利のための国際協会）子どもの遊ぶ権利宣言（IPA Declaration of the Children's Rights to Play）」です（David, 二〇〇六）。ＩＰＡ子どもの遊ぶ権利宣言では、遊びを栄養・健康・教育と同じくらい子どもの発達に重要であると指摘しました。さらに遊びを「本能的なものであり、強いられてするものではなく、ひとりでに湧き出てくるもの（PLAY is instinctive, voluntary, and spontaneous.）」としました。これは、「子どもの権利宣言」にあった、教育と同じ目的、すなわち「能力、判断力、道徳と社会的責任を発達させ、社会の有用な一員となる」という目的規定から遊びを解き放ったともいえます。

これを踏まえて一九八九年に採択された子どもの権利条約では、遊びの目的を規定していません。これは一九五九年の「子どもの権利宣言」との明らかなちがいです。目的がないことは、遊びが子どもの内から自然と湧き出るものであること、誰かに与えられコントロールされるものではないことを意味しています。みなさんの学童保育ではいかがでしょうか。遊びが誰かに与えられコントロールされるものになっていませんか。

3．学童保育で子どもの権利を保障するとは？

それでは、学童保育で子どもの権利を保障するとは具体的にどういうことなのでしょうか。

まず、子どもの権利を実施していくポイントは、子どもにとって一番よいこと（第三条子どもの最善の利益）を子どもに聴いて子どもと共に考えていくこと（第一二条意見表明権）でした。学童保育の運営やルール決め、行事や役割分担など、大きなことから些細なことまで、子どもに聴いて子どもと共に考えていくことが、学童保育で子どもの権利を保障していくことです。こうしたことの繰り返しが、子どもを権利の主体に育てていきます。学童保育支援員に耳を傾けてもらうこと、受け止めてもらうこと、「あっ、自分の意見を言っていいんだ」という経験をたくさん積み重ねることが大切です。

ところが、この「聴く」というのがクセモノです。聴いたら応えてくれる子どもたちばかりではないからです。何度たずねても「さぁ？」と要領を得ない子、おとなの話をそもそも聴いてくれない子、聴いても恥ずかしがって話してくれない子、ゆっくり考える子。いろんな子どもがいます。そんなときこそ、遊びの出番です。

放課後児童クラブ運営指針によれば、放課後児童健全育成事業（学童保育）は、子どもの権利条約の理念に基づき、子どもの最善の利益を考慮して育成支援を推進することに努めなければなりません（第一章総則）。この育成支援の目的は子どもの健全な育成を図ることですが、なかでも遊びが子どもの発達を支える重要なものとして位置付けられています。

第２章　事業の対象となる子どもの発達

４．児童期の遊びと発達

放課後児童クラブでは、休息、遊び、自主的な学習、おやつ、文化的行事等の取り組みや、基本的な生活に関すること等、生活全般に関わることが行われる。その中でも、遊びは、自発的、自主的に行われるものであり、子どもにとって認識や感情、主体性等の諸能力が統合化される他に代えがたい不可欠な活動である。

子どもは遊びの中で、他者と自己の多様な側面を発見できるようになる。そして、遊びを通じて、他者との共通性と自身の個性とに気付いていく。

児童期になると、子どもが関わる環境が急速に拡大する。関わる人々や遊びの種類も多様になり、活動範囲が広がる。また、集団での遊びを継続することもできるようになっていく。その中で、子どもは自身の欲求と相手の欲求を同時に成立させるすべを見いだし、順番を待つこと、我慢すること、約束を守ることや平等の意味等を身に付け、協力することや競い合うことを通じて自分自身の力を伸ばしていく。

子どもは、遊びを通じて成功や失敗の経験を積み重ねていく。子どもが遊びに自発的に参加し、遊びの楽しさを仲間の間で共有していくためには、大人の援助が必要なこともある。

遊びは子どもが自発的に行うものです。誰からも管理されず、強制されることがなく、自分で考えて行動できる場、それが遊びの世界です。いわば遊びは子ども中心の世界であり、子どもの言葉や気持ちがあふれる世界です。子どもたちが何を考えどんな気持ちでいるのかを知るのは直接話を聴くだけが手段ではありません。学童保育支援員は、遊びを通して、その子がどんな気持ちなのか、どうしたいのかを読み取ることができるはずです。

ちなみに、親や一般のおとなにとって遊びはなかなか手ごわいのです。お休みの日、子どもから遊ぼう！　と言われてどうやって遊んでいいか分からなかったという親の声をよく耳にします。しかし、学童保育では遊びが柱のひとつです。ですから支援員は一緒に遊んだり、あるいは子どもの遊びをながめながら言葉にできない子どもの気持ちやねがいにも気づくことができます。理路整然とは話せない子どもであっても、遊びを通して子どもの意見表明・参加を促していくことができるはずです。

子どもの意見表明は、元気な子どものものだけではありません。ＳＯＳの声をあげることも子どもの意見表明・参加です。その点でも学童保育には大切な役割があります。

学童保育は、親や教師を挟まずに、直接子どもと向き合える貴重な場です。子どもにとって評価をする親や教師は「タテ」、友達は「ヨコ」、学童保育支援員のようなおとなは「ナナメ」の関係だという話をしました。ナナメの関係の学童保育支援員は、評価をしない聴き方ができるからこそ、子どもたちは何でも話せます。子どものたちの声のなかには、ＳＯＳも混じっていることがあります。そのＳＯＳをキャッチしたとき、それがその子にとって権利侵害かどうかを見極め、権利侵害である場合は関係機関につなぐことも学童保育の役割です。

４．学童保育支援員の「ゆらぎ」と専門性

学童保育の場で支援員を悩ませることのひとつにマニュアルがないことがあります。「運営指針」はあるものの、現場での対応はどうしても「ケースバイケース」です。ひとりひとりの子どもの対応には柔軟さが求められます。しかし、行き当たりばったりでいいわけでもありません。学童保育のみならず子ども支援の現場では全般的に、臨機応変さが求められる一方でその活動を支えるための軸となる理念や価値観もまた求められます。

対人支援の現場では、「個別性・多様性・偶然性」が必要とされるのと同時に、「一貫性・明確性・客観性」が必要とされ、そこから現場や支援者に二つの矛盾する態度が生じることが知られています。支援を始めた当初、支援者はこの二つの矛盾する態度に困惑することもあるでしょう。支

援者が現場で直面する動揺・葛藤・不安・わからなさの総称を「ゆらぎ」（尾崎、一九九九）といいます。ゆらぎは放置しておくと、支援の破綻をもたらします。わからなさが積み重なって「もういやだ！」と仕事を辞めてしまう支援者がいます。不適切な関わりを続けて子どもの権利侵害が起こることもあります。

現場で直面した「ゆらぎ」を専門性に転化する鍵は、省察（せいさつ）です。省察とは、自らの行為や言動をかえりみて、考えること、わかりやすい言葉でいえば「ふりかえり」です。自らの実践をふりかえり、「うまくゆらぐ」ことができれば、支援実践やしくみの課題に気づくことができます。そこから解決のための「課題設定」が可能となり、変化・成長・再生の芽を見出すことにつながると考えられているのです。

それでは、実践を省察するとは具体的にどういうことなのでしょうか。

たとえば、学童保育で「失敗」したエピソードをあなたはどう語るでしょうか。「思ったようにうまくいきませんでした」とだけ語る人、「全くダメだったので、詳細は省きます」と次の項目に移る人もいれば、自分が失敗したと感じたエピソードをその理由とともに語り、そこから何を学んだかまでしっかり語る人もいるでしょう。

「成功」したエピソードはどうでしょうか。「うまくいったけれど、なぜうまくいったのかわからない」という人、「あのときはうまくいったと思ったが、果たして子どもにとってあの指導・支援はよかったのだろうかと、今は考えています」と語る人もいます。

失敗がダメで、成功がよいという単純な話ではもちろんありません。ポイントは、失敗や成功をどのようにふりかえり、「子どもの権利の視点で」とらえなおしをしているか、ということです。失敗を見つめ直すことは辛いし、成功は「あぁよかった」でおしまいにしがちです。しかし、それでは、いくら実践を積み重ねても力がつきません。学童保育支援員としての力をつけるふりかえりは、実践を記録化・意識化・言語化し、子どもの権利の視点で串刺しにすること、実践を子どもの権利の視点でもう一度捉えなおすことです。

消化しきれず頭のなかでもやもやしていること、何かにひっかかり胸がざわざわすることを、思い切って口に出すことで、「あぁ、わたしはこんなことを考えていたのか」「わたしが気になっていたのはこれか」と気づかされることがあります。その言葉を他者に聴いてもらうことで、「こんな考え方がある」「あんな見方もある」ことを発見し、自分の実践を客観的に見ることができるようになっていきます。そのときに、子どもの権利のフィルターでとらえなおしてみてください。

子どもの権利のフィルターでとらえるときに大切なのは一般原則です。一般原則とは、第二条差別の禁止、第三条子どもの最善の利益、第六条生命への権利、生存・発達の確保、第一二条意見表明権の四つです。この四つは同時に成立しなければならないものです。差別はしていない、子どもの最善の利益も考えた、生命への権利も満たした、でも子どもの意見は聴いていない、では不十分だということです。

自分の実践はこの四つから考えてどうかな、と考えてみてください。「すごくうまくいった」と思っていた行事、実は子どもの声を全く聴いていなかったなんてことがありませんでしたか。病気や障碍のある子どもが参加できないイベントを企画してしまったということがありませんか。

このように考えてみると、うまくいったと思っていた実践が違った形となって見えてくることがあります。「わたしは、あの声かけでいいと思っていたけれど、子どもの最善の利益の視点からはすべきではなかったかもしれない」と。つまり、子どもの権利条約を知らなければ、ふりかえりさえも本来はできないはずなのです。

支援員である自分が「わからなさ」と直面しているなんて、自分の未熟さを認めるようでいやだという人もいるかもしれません。それでは、確固たる信念を持ち、子どもを前にしては絶対に間違わず、「ゆらがない」のが専門性のある学童保育支援員でしょうか。当たり前のことですが、子どもはひとりひとり違います。同じ子どもでもその日のその時で違う顔を見せてくれます。そんな子どもたちを前にして、ゆらぎながらも、子どもにとって一番よい支援を「子どもと一緒に」探求する姿勢こそ、求められる姿ではないかと思います。

対人支援の実践者には常に学びが求められます。学童保育支援員を続ける限り、その学びには終わりはありません。この「わからなさ」「ゆらぎ」がずっと続くなんて嫌だなぁと思う人もいるかもしれません。しかし、現場で直面する「わからなさ」「ゆらぎ」にこそ、学びのヒントがあると考えてはどうでしょうか。

まとめとして——子どもの根っこを育む学童保育

「放課後」は子どもたちの世界が広がる時間です。

ところが、多くのおとなは「放課後」を学校と家庭の間の「おまけ」の時間だととらえています。子どもにとって一番大事なことは学校で勉強すること、家庭での生活も大事、「放課後」に遊ぶのはあくまで「おまけ」というわけです。

花や実のように目に見える成果が学校で育まれるとしたら、「放課後」は子どもの根っこが育つ時間です。根っこは遊びによって成長していきます。子どもたちが学童保育で豊かな遊びの時間を過ごせることは、翻って親を支えることにもつながっていきます。我が子が「今日も楽しかった！」といって学童保育を後にするとき、親はホッと胸をなでおろします。

しかし、多くのおとなは根っこの成長になかなか気づくことができません。土の中にあるので見えにくいのですね。どうしても花や実にばかり目が行ってしまいがちです。しかし考えてみてください。強い風が吹いたとき、実ばかりたくさんなって根が張っていなければ木は倒れてしまうでしょう。

子どもに成果ばかりを求めたがる今の社会では、根っこの成長がないがしろにされてしまっています。すぐには成果がでなくても、子どもが自分で考えて、時には失敗しても見守って、自分から動くのを待つ――このような場面は、学童保育ではしばしば目にすることができます。遊びはその特性からいって子どもが自ら考えやすく、学童保育では失敗してもチャレンジする時間があります。ひとりで挑戦することもあれば、仲間と一緒に何かを乗り越えていくこともできます。そうやって、子どもたちは少しずつしっかりと自分の根を張っていきます。

こう考えると、「放課後」は「おまけ」にしておくにはもったいない時間であることがわかります。けれど、多くのおとなは「おまけ」だと思っているのですから、放課後を支えようとする人に対する風当たりは強いでしょう。あまりに風が強くて、一番大事なことを見失いそうになることがあるかもしれません。そこで、子どもの権利条約の出番です。学童保育支援員の専門性は子どもの権利条約が基盤です。子どもの権利の視点で考えると遊びがどれほど大切であるのかがよくわかります。学童保育支援員がよって立つべき軸がここにあります。

「放課後」は子どもの成長・発達の土台となる時間です。その「放課後」の子どもたちを支えるのが学童保育であり、子どもの根っこが育つ大切な時間です。

column

コラム④　おとなしい子の記録

みなさんは学童の子どもたちの記録ってとっていますか。もちろん、という声がかえってきそうです。それでは、記録を読み返すことはありますか。

ある学童保育でインタビューをしていたときのことです。毎年のように学童に通う子どもが増えている地域です。海外とつながりのある子どもたちも増えて、翻訳機片手になんとかコミュニケーションをとっているといいます。特に夏休みは、夏だけの子を受け入れることもあって、ふだんにもまして子ども同士のトラブルが絶えません。ちょっと気になる子のこと、保護者に確認しておくこと、大きな事故にはならなかったけどヒヤッとしたこと。めまぐるしい毎日のなかでも丁寧に記録をとっている学童でした。

支援員さんに、記録にはどんな意味があると思いますかとたずねたところ「忙しく毎日が流れていく中で、ふと立ち止まるために必要なもの」だと返ってきました。

あるとき、記録を読み返してみて気づいたことがあったといいます。「ケンカばかりする男子がいて、その子たちのことは毎日いろんな先生がたくさん書いているんです。今日はこんなことで言い争いになった。おやつの時間に手がでた。Aくんからちょっかいをだすこともあれば、Bくんがはじめることもあります。CくんやDさんが巻き込まれることもあります。どの支援員が間に入ったのか、そのときどう働きかけたのかも書いています」とても詳細です。

「けれど」支援員さんの話は続きます。「読み返して気づいたんです。おとなしくて問題を起こさない子のことが全然書かれていないんです。毎日学童に来ているはずなのに、何をしてどんなふうに過ごしていたのか、どの先生も全く触れていないことに愕然としました」

学童に限らず、子ども支援の現場では、問題を起こす子に目が行きがちです。とはいえ、問題を起こさない子におとなの支えが必要ないとはかぎりません。きっと自分の話を聞いて欲しい時もあるはずです。

この学童では、それ以降、おとなしくて問題を起こさない子、支援員の目が届きにくい子にもできるだけ声かけをするようにしたそうです。不思議なことに、学童全体の雰囲気が落ち着いてきたといいます。

記録を取ることはもちろん重要です。しかし、記録は読み返し、自らの支援行為をふりかえる道具として活用されるとき、本来の力を発揮するのではないでしょうか。

第Ⅱ部

子どもの権利条約
条文解説

イラク北部の難民キャンプに開設された、セーブ・ザ・チルドレンの「こどもひろば」の活動に参加する子どもたち。多くの暴力やストレスにさらされてきた子どもたちにとって、安心できる空間で過ごすことは、社会的・心理的なウェルビーイング（良好性状態）の回復につながっている。

©Save the Children

西日本豪雨発生直後、岡山県が主催した「被災地域の子どもの安全・安心な居場所」の様子。セーブ・ザ・チルドレンも運営に協力した。

台風で学校休校。自分たちで決めた午後の活動は「寝転がって映画を観る会」。

ここからは子どもの権利条約をわかりやすく解説していきます。最初から最後まで目を通すのはなかなか大変です。まずは、三四頁の条文の見出しを参考にして、みなさんがお気に入りの条文、気になる条文として選んだものから読んでみてください。

この解説をじっくり読んでほしいのは、学童保育の現場で何か問題が起こったり、困ったときです。どうしていいかわからないとき、それが子どもの権利の何条に関係することがらなのかを探ることができます。その上で、どう対処すればいいのかのヒントが条文には書かれています。**みなさんが具体的な行動を起こすときの根拠であり、指針となるのが条文とそれに関係する法律です。**

子どもの権利条約は、アラビア語、中国語、英語、フランス語、ロシア語、スペイン語をひとしく正文としています。この六つは国連公用語です。日本語のものは政府訳と民間による訳があります。政府訳では、たとえばchildを児童と訳すなど不十分な点があります。そこで、本書では、もっとも活用されている「国際教育法研究会訳」を用います。

子どもの権利条約の一般原則

子どもの権利条約は全部で五四条から構成されています（四三条から五四条までは子どもの権利委員会の設置や、締約国の義務、条約の署名や批准などについて定めています。今回は省きました）。

このなかに一般原則とよばれるものがあります。それは、第二条「差別の禁止」、第三条「子どもの最善の利益」、第六条「生命への権利、生存・発達の確保」、第一二条「意見表明権」の四つです。

これら一般原則は、ほかの権利を守っていくときの前提となるものです。子どもの権利条約に掲げられているすべての権利を保障するにあたっては、常に一般原則を参照することが求められます。たとえば、災害の被害にあった子どもを支援するとき、緊急事態だから子どもの意見は聴かない、というのでは一般原則を無視していることになります。「性別や障碍の有無などで差別していないか」、「子どもにとって一番よいことをしているか」、「子どもの生命が危機にさらされていないか」、「まず子どもの声をよく聴いたか」というように考えることが不可欠です。

学童保育でも同じです。何か判断に迷うことがあったら、自分がやろうとしているはたらきかけや声かけが、**一般原則を四つとも満たしているかどうか**を考えてみてください。たとえば、学童保育で動物園に行くことになったとします。これは条約第三一条「休息・余暇、遊び、文化的・芸術的生活への参加」に関係します。では動物園には車いすの子は参加できないとなったらどうでしょうか。第二条差別の禁止を参照していないことになります。

一般原則は、何かの行事が終わったあとに「性別や人種、国籍、障碍などで差別をしていなかったか」「どうすることが子どもにとって一番よいことかを考えたか」「子どもの生命が脅かされるようなことはなかったか、成長発達によいものとなっていたか」「子どもの声を聴いたか」のように、ふりかえるときの指針としても活用できます。

それでは、次に条文を見ていきましょう。興味があるものからでかまいませんよ！

前文

前文

この条約の締約国は、(略)子どもが、人格の全面的かつ調和のとれた発達のために、家庭環境の下で、幸福、愛情および理解のある雰囲気の中で成長すべきであることを認め、子どもが、十分に社会の中で個人としての生活を送れるようにすべきであり、(略)すべての国、とくに発展途上国における子どもの生活条件改善のための国際協力の重要性を認め、次のとおり協定した。

子どもの権利条約の一番初めにあるのが「前文」です。子どもの権利条約ができた歴史的な流れや、どんなことが定められているかが書かれています。これから子どもの権利条約を探っていくためのウォーミングアップですね。

子どもの権利を守ろうという動きは、一九二四年の「ジュネーブ子どもの権利宣言」が始まりです。第一次世界大戦（一九一四―一九一八）ではたくさんの子どもたちが戦争の犠牲となり、生き残った子どもたちもその多くが栄養失調などで苦しみました。そこでエグランタイン・ジェブ[15]らの活動によりジュネーブ子どもの権利宣言が起草されました。

ところが、すぐに第二次世界大戦（一九三九―一九四五）が勃発します。多くの子どもたちが犠牲になったことはみなさんよくご存じのことと思います。第二次世界大戦後、一九四八年には世界人権宣言が出され子ども時代は特別なケアが必要であることが宣明されました。一九五九年にはその子ども版ともいえる「子どもの権利宣言」が出されます（六〇頁参照）。その三〇周年に合わせて、より法的拘束力のある国際条約として一九八九年に採択されたのが、子どもの権利条約です。子どもの権利条約はすべての国の子どもたちを対象としています。

なお、エグランタイン・ジェブが一九一九年に創った子ども支援の国際組織がセーブ・ザ・チルドレンです。

第１条　子どもの定義

第１条（子どもの定義）
この条約の適用上、子どもとは、一八歳未満のすべての者をいう。ただし、子どもに適用される法律の下でより早く成年に達する場合は、この限りでない。

第一条によれば、子どもは一八歳未満を指します。世界的には一八歳を成人年齢とするのが主流です。日本もこれに合わせて民法を改正し、二〇二二年四月一日から成人年齢が一八才に引き下げられました。二〇二二年四月一日の時点で、一八才以上二〇才未満の場合（二〇〇二年四月二日生まれから二〇〇四年四月一日生まれまでの方）は、その日に成年に達することになり、二〇〇四年四月二日生まれ以降の場合は、一八才の誕生日に成年に達することになります。

第一条では、「ただし、子どもに適用される法律の下でより早く成人に達する場合はこの限りではない」とも定められています。日本の場合、一六才以上一八才未満の女の子が結婚して成人に達したとみなされる場合には、親子関係に関する条文は当てはまりませんよということです。成人年齢と同じく二〇二二年四月から女性が結婚できる年齢は一八才に引き上げられました。

ところで、日本政府は英語のchildを「児童」と訳しています。しかし第1部でも述べたように日本の法律では、児童とは小学生をさしたり（学校教育法）、一五才に達した日以後の最初の三月三一日までの者を指したり（労働基準法）、一八才未満だったり（児童福祉法）することは前にも述べました。日本政府は、「子どもの権利条約」といっても差し支えないと言っていますので、本書では「児童」ではなく「子ども」を用います。

第２条　差別の禁止

第２条（差別の禁止）

１、締約国は、その管轄内にある子ども一人一人に対して、子どもまたは親もしくは法定保護者の人種、皮膚の色、性、言語、宗教、政治的意見その他の意見、国民的、民族的もしくは社会的出身、財産、障害、出生またはその他の地位にかかわらず、いかなる種類の差別もなしに、この条約に掲げる権利を尊重しかつ確保する。

2、締約国は、子どもが、親、法定保護者または家族構成員の地位、活動、表明した意見または信条を根拠とするあらゆる形態の差別または処罰からも保護されることを確保するためにあらゆる適当な措置をとる。

第二条は子どもに対する差別の禁止を定めています。前に述べた**一般原則のうちの一つです。**具体的には、子どもや親の人種や肌の色（黒かったり白かったり、赤かったり黄色かったり）、女だったり男だったり両方だったりそのどちらでもなかったり、言葉や信じていること考えていること、出身やお金があるかどうか、障碍の有無やうまれたときのようすなどで差別されない、ということです。

この条文は国際人権規約[16]をふまえたものですが、差別のなかに「民族的出身」と「障害」を加えたこと、子ども本人だけでなく「親、法定保護者または家族構成員」の地位や活動、表明した意見等を理由とした差別を禁止したことが特徴です（広沢、二〇〇九：五八）。

学童保育にも多様な子どもたちがいます。中には肌の色がちがうこともあるでしょう。現実には日本国籍の人であってもひとりひとり肌の色はちがいます。少し前まで色鉛筆やクレヨンには「肌色」があったことを覚えている人もいるでしょう。ところが、この「肌色」という呼び方につらい思いをした人も少なからずいました。

現在では、「肌色」という名称の代わりに「うすだいだい」や「ペールオレンジ（pale orange：淡いオレンジ）」と呼んでいます。ＪＩＳ（日本工業規格）が定める二六九色には肌色が残っていますが、色鉛筆は二〇〇二年から、クレヨンと絵の具は二〇〇九年からメーカー側の自主的な動きとして「肌色」を使わなくなりました。

差別をしてはいけない、というとなんだかあいまいでよくわからないという人もいるかもしれません。条約には非常に具体的に書かれているので、参考にしてみてください。

第３条　子どもの最善の利益

第３条（子どもの最善の利益）

１、子どもにかかわるすべての活動において、その活動が公的もしくは私的な社会福祉機関、裁判所、行政機関または立法機関によってなされたかどうかにかかわらず、子どもの最善の利益が第一次的に考慮される。

２、締約国は、親、法定保護者または子どもに法的な責任を負う他の者の権利および義務を考慮しつつ、子どもに対してその福祉に必要な保護およびケアを確保することを約束し、この目的のために、あらゆる適当な立法上および行政上の措置をとる。

３、締約国は、子どものケアまたは保護に責任を負う機関、サービスおよび施設が、とくに安全および健康の領域、職員の数および適格性、ならびに職員の適正な監督について、権限ある機関により設定された基準に従うことを確保する。

子どもに影響を与えるあらゆることについていろんな可能性を検討して、子どもにとって一番よいことが何かを考えなければなりませんよ、というのが第三条です。**これも一般原則の一つです。**親や保護者が子どもにとって一番よいことをできない場合には、国がかわりに一番よいことを考えていきます。保育所や学童保育、学校、児童相談所、少年院など子どもに寄り添う施設で基準が決まっているところはそれを守らなければならないし、基準が決まっていなければ国はそれをつくるように工夫しなければなりません。

子どもにとって一番よいことは、おとなが勝手に決めるのではなく子どもと共に決めることが大切です。たとえば、今日あなたが身につけている服はどこの国でつくられたものですか。中国製、カンボジア製、ヴェトナム製、ホンジュラス製など世界のさまざまな国でつくられたものをわたしたちはまとっています。服だけでなく、サッカーボールや野球ボールなどのスポーツ用品も日本製は案外少ないものです。それらのものは、いったい誰がつくっているのでしょうか。

なかには、子どもたちがつくっているものもあるかもしれません。いわゆる児童労働です。ここであなたに考えてほしいことがあります。もし、自分の服やバッグ、普段使っているものが児童労働によってつくられていると知ったらあなたはどうしますか。

　児童労働でつくられているものは買わない、という人も多いでしょう。実際に、ある製品が児童労働で作られたことを知った人々が、不買運動を起こしたことがありました。児童労働で作られている限りその製品は買わない、という運動です。不買運動を起こした人々は、児童労働なんてけしからん、子どもの権利を守るためにも製品を買わないようにしよう、それが子どものためになると考えました。

　それでは、不買運動によって子どもは幸せになったのでしょうか。いいえちがいます。不買運動によって、子どもはその製品の工場では働けなくなりました。しかし、多くの子どもたちは親の借金を返したり、一家を養うために働き続けなければなりませんでした。そのため、より劣悪な環境で働かざるをえなくなってしまったのです。つまり、おとながよかれと思って始めた不買運動が、子どもをより追いつめることになってしまったのでした。

　それでは、どうすればよかったのでしょうか。ある企業では、子どもたちに聴いてみました。「あなたは、どうしたいの？」と。子どもから帰ってきたのは「家族のためにも働きたい」「でも、学校にも行ってみたい」という返事でした。その企業は学校をつくり、幼い子どもたちは就労年齢に達してから再び雇用することにしました。


学童保育でも、子どもに一番よいことを支援員が勝手に決めつけるのではなく、子どもと話し合って決めていくことが求められます。

子ども支援の施設に関する基準があることは重要ですが、基準があっても古すぎたり、低すぎたりするのは問題です。また、基準を緩和していく流れも忘れてはなりません。地方分権化を進める改革の中で、国の基準をより低くして、自治体の独自基準をつくりやすくしていく傾向にあります（森田、二〇〇九：六九）。**学童保育支援員の立場から、自治体の基準が子どもの最善の利益にかなっているのかどうかを見極めていくことは学童保育支援員の大切な仕事です。**

第4条　締約国の実施義務

第4条（締約国の実施義務）
締約国は、この条約において認められる権利の実施のためのあらゆる適当な立法上、行政上およびその他の措置をとる。経済的、社会的および文化的権利に関して、締約国は、自国の利用可能な手段を最大限に用いることにより、および必要な場合には、国際協力の枠組の中でこれらの措置をとる。

第四条は、条約を実施するにあたっての国の義務を定めています。国は、この条約にある権利を子どもが使えるようにするためにあらゆることをしなければなりません。

子どもの権利条約を実施するために、子どもの権利の国家的戦略や、子ども政策を調整する機関をつくったりします。データの収集も重要です。子どもが直面する課題にはどんなものがあるか、その実態を把握することは対応を考える上で必須です。子どもオンブズパーソンのように、子どもからの相談を受け付けて救済や制度改善を行う独立した監視機関の設立も求められます。このほかに、裁判に子どもの権利条約を適用していくようなことも考えられます。

第５条　親の指導の尊重

第５条（親の指導の尊重）
締約国は、親、または適当な場合には、地方的慣習で定められている拡大家族もしくは共同体の構成員、法定保護者もしくは子どもに法的な責任を負う他の者が、この条約において認められる権利を子どもが行使するにあたって、子どもの能力の発達と一致する方法で適当な指示および指導を行う責任、権利および義務を尊重する。

第五条では、親などから子どもへの指示・指導をどうすればいいのかを定めています。ここに書かれてあることは、学童での指導にも活かせます。

親の指示・指導には常に従わなければならない、というのではありません。子どもが権利を行使しようとするとき、とかく親や周囲のおとなに影響を受けます。第一に、親の指示・指導とは、子どもの権利条約に認められている権利を、子どもが行使できるようにするための指導です。そのとき、親などが適当な指示・指導をする責任があることを定めています。そしてその権利と義務を国が尊重すべきであるとしています。つまり、子どもの権利条約は子どもが権利行使の主体であることを認めた上でその前提として、それを支援する親やおとな（学童保育支援員も含みます）の在り方を示しているのです。

「子どもの能力の発達と一致する方法」というのも気になります。これは、子どもが幼いからといって意見を聴かなくていいということではありません。なかなか意見を言えない子に対しては、おとなの側がその子どもの発達に合わせて耳を傾ける方法を工夫する必要があります。子どもの気持ちを推理する探偵になってみてください。手がかりはたくさんあります。赤ちゃんは理路整然とした言葉で自分の気持ちを伝えることはできません。けれど、笑ったり泣いたりして全身で何かを伝えようとします。そんなようすをみて、おとなは「ああこれは嬉しいんだな」「これは嫌いなのかな」と推理するはずです。

入学したての小学一年生はまだよく知らない支援員に話をしづらいかもしれません。そんなとき支援員は子どもたちが話しやすいようにいろんな工夫をするはずです。言葉にならなくても行動や表情、遊ぶ様子から気持ちを読み取ることもあるでしょう。そうやって、その子の能力の発達と一致する方法で、権利を行使するのを支えてくださいね、と言っています。

適当な指示・指導（appropriate direction and guidance）の方法も大切です。適当な指示・指導とはなんといっても「体罰によらない」ものです。子どもの権利委員会は一貫して体罰に反対してきました。ですから、体罰を用いて子どもに言うことをきかせるような指導は、不適当です。もちろん、適当な指示・指導は子どもの意見表明・参加を踏まえたものでなければなりません。

第６条　生命への権利、生存・発達の確保

第６条（生命への権利、生存・発達の確保）

１、締約国は、すべての子どもが生命への固有の権利を有することを認める。

２、締約国は、子どもの生存および発達を可能なかぎり最大限に確保する。

第六条では、すべての子どもに生命への固有の権利を認めています。そして、ただ生きているの

ではなく、生存・発達を可能な限り最大限に確保するとしています。**これも一般原則の一つです。**ここでいう発達には、身体的な発達ももちろんそうですが、社会的・文化的な発達も含まれます。ただ生きているというだけでなく、子どもは、虐待や有害な労働から保護され、教育や情報にアクセスすることができ、文化に触れ、仲間をつくり、遊んだり話し合ったりすることを通して発達していきます。

ほんの少し前まで、日本ではこの条文はじゅうぶんに保障されていると思っている人が多かったのではないでしょうか。しかし、七人に一人の子どもが貧困といわれ、毎日のように子ども虐待のニュースを耳にする現在では、生命への権利がおびやかされ、生存・発達が確保できない状況の子どもたちを身近に感じるようになってしまいました。

なかでも子どもの貧困はここ数年でみなさんも耳にすることが多くなったのではないでしょうか。厚生労働省によれば、子どもの貧困率[17]は一三・九％（二〇一五年）となっています。この数字自体も高いのですが、ひとり親世帯の貧困率は五〇・八％であり、先進国の中でも突出して高くなっています。

二〇一三年六月、子どもの貧困対策法が成立、二〇一四年一月から施行されています。その第一条では「この法律は、子どもの現在及び将来がその生まれ育った環境によって左右されることのないよう、全ての子どもが心身ともに健やかに育成され、及びその教育の機会均等が保障され、子どもも一人一人が夢や希望を持つことができるようにするため、子どもの貧困の解消に向けて、児童の

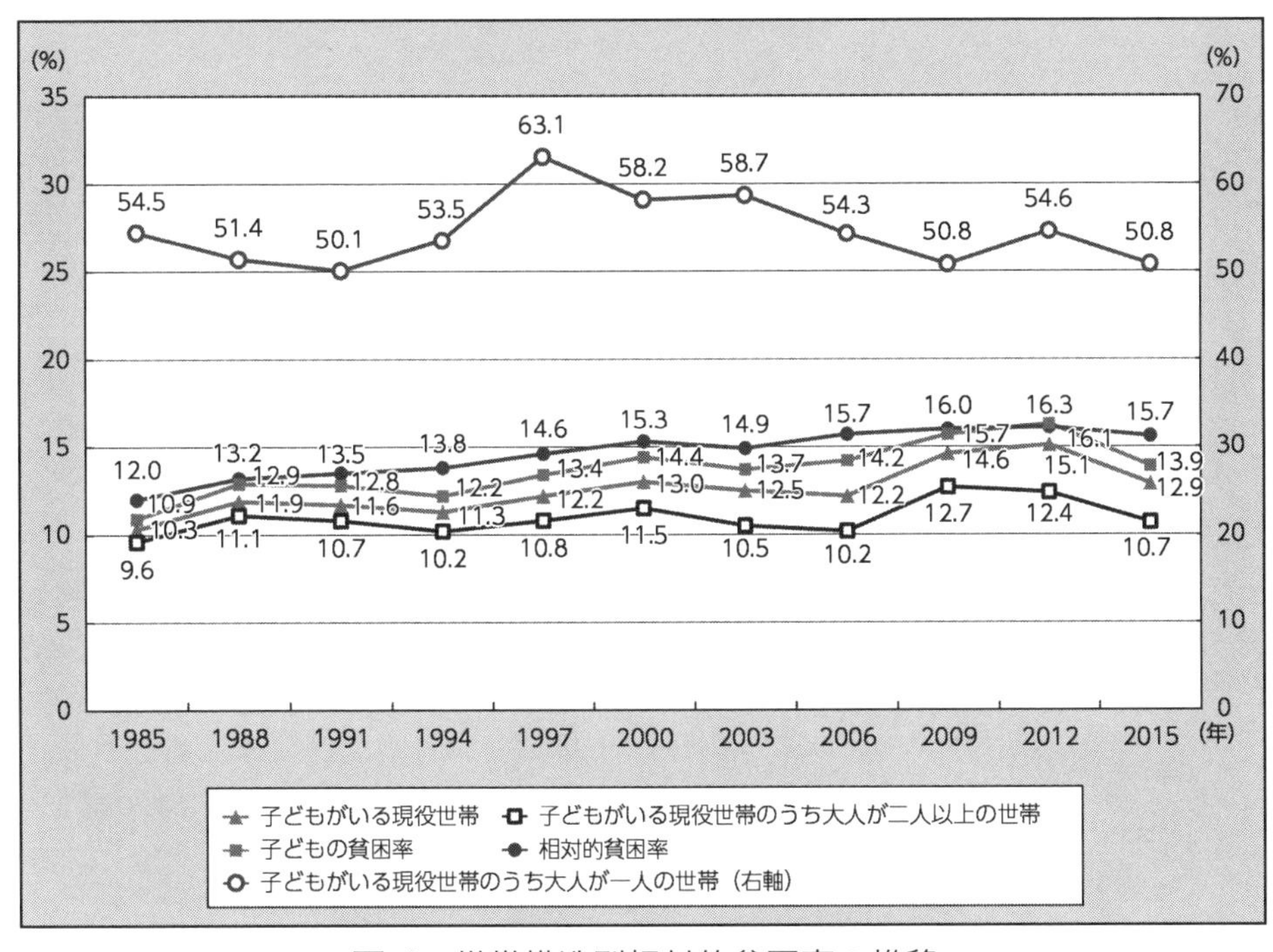

図４　世帯構造別相対的貧困率の推移

「国民生活基礎調査」（厚生労働省『平成 29 年版厚生労働白書』）より

権利に関する条約の精神にのっとり、子どもの貧困対策に関し、基本理念を定め、国等の責務を明らかにし、及び子どもの貧困対策の基本となる事項を定めることにより、子どもの貧困対策を総合的に推進することを目的とする。」とあります。**ぜひ、子どもの権利条約の精神にのっとって、という部分に着目してください。**子ども自身の声を聴いて、子どもと共に考えていくことが求められています。

二〇一九年六月には改正子どもの貧困対策法が成立し、貧困改善に向けた計画づくりを市区町村の努力義務としました。これまですべての都道府県に改善計画がありますが、市町村の計画策定割合は三割にとどまっていました。そこで計画策定の努力義務を、都道府県から市区町村にひろげたのです。この計画策定により、自治体が地域で貧困に直面した子どもに気づき、その子にあった支援につなげることが期待されています。

一方、大きな課題も見えてきました。子ども食堂や学習支援など、子どもの貧困をめぐる支援はその多くを民間団体が担ってきました。ところが、その民間団体の六割強が資金不足に直面していることがわかったのです。スタッフが不足しているという声も五割近くの団体からあがりました（内閣府、二〇一九）。子どもを真ん中にして、国・自治体・市民が手をつなぐことが求められています。

第7条 名前・国籍を得る権利、親を知り養育される権利

第7条（名前・国籍を得る権利、親を知り養育される権利）

1、子どもは、出生の後直ちに登録される。子どもは、出生の時から名前を持つ権利および国籍を取得する権利を有し、かつ、できるかぎりその親を知る権利および親によって養育される権利を有する。

2、締約国は、とくに何らかの措置をとらなければ子どもが無国籍になる場合には、国内法および当該分野の関連する国際文書に基づく自国の義務に従い、これらの権利の実施を確保する。

第七条では、子どもは出生後ただちに登録される権利があること、そして名前を持ち国籍を得る権利があることが定められています。加えてできる限り親を知り、その親に育てられる権利を有しています。

しかし、誕生後すぐに出生登録される赤ちゃんは全世界でわずか六〇％です（二〇一二、ユニセフ）。日本では出生届けをだすと一週間ほどで戸籍がつくられますが、戸籍制度は東アジア固有のものです。出生登録がされない子どもたちは、公的な証明がありません。教育や医療・福祉的ケアを受けられないばかりか、自然災害や紛争で家族とはぐれてしまえば、身元を確認することができず家族の下に帰ることが困難となります。人身売買や誘拐の危険性も高まります。

出生登録は日本でも大きな課題となっています。文部科学省は二〇一五年に初めて小中学生にあたる六―一五才で戸籍をもたない無戸籍の子どもの全国調査を実施しました。その結果、無戸籍の子は全国で少なくとも一四二人いることがわかりました。二〇一六年には一九一人、二〇一七年には二〇一人と年々増えています。無戸籍になる背景には離婚後三〇〇日規定があります。民法七七二条には、「離婚後三〇〇日以内に生まれた子は前夫の子と推定する」とした嫡出推定という規定があります。前夫のＤＶ等で女性が逃げ、届け出を出してしまうとその夫の子どもになってしまうのを避けようとして出生届を出せないケースがあるようです。また親によるネグレクトで無戸籍になる子どももいます。

二〇一九年六月、山下貴司法相は無戸籍の解消に向けて、民法の嫡出推定の見直しを法制審議会に諮問しました。二〇二二年二月、法制審議会は嫡出の推定の見直し及び女性にかかわる再婚禁止期間の廃止を含んだ「民法（親子法制）等の改正に関する要綱」を古川禎久法相に答申しました。今後、法務省は民法の改正案をまとめますが、引き続き注視が必要です。

第8条 アイデンティティの保全

第8条（アイデンティティの保全）

1、締約国は、子どもが、不法な干渉なしに、法によって認められた国籍、名前および家族関係を含むそのアイデンティティを保全する権利を尊重することを約束する。

2、締約国は、子どもがそのアイデンティティの要素の一部または全部を違法に剥奪される場合には、迅速にそのアイデンティティを回復させるために適当な援助および保護を与える。

アイデンティティとは、「わたしはどこからきてどこへ行くのか」、「これがわたしだ」という自分らしさをかたちづくる要素です。第八条では、国籍や名前などその子どものアイデンティティを尊重し、一部または全部を違法に剥奪された場合には速やかに回復しなければならないと定めています。第七条とも関係しますが、自分のルーツである親が誰か、というのは大切なアイデンティティです。熊本市の慈恵病院には、親が育てられない子どもを匿名で預かる「こうのとりのゆりかご」があります。二〇〇七年の設置から二〇一八年度まで一四四人の子どもが預けられました。匿名であるからこそ助かる命がある一方で、「こうのとりのゆりかご」は、子どもの親を知る権利を侵害していると批判されてきました。また、周りに隠れてひとりで出産することは母子ともに命の危険を伴う場合が少なくないことからも、危険性が指摘されてきました。秘密裡であっても安全に安心して子どもを産める環境はできないものでしょうか。

母親が匿名で安全に出産し、子どもは後に出自を知ることができるのが「内密出産」の制度です。熊本市と検討を続けてきた慈恵病院は、二〇一九年一二月七日にその導入を発表しました。

また、人工授精による出産もじゅうぶんに自分のルーツをたどることができません。夫の精子で妊娠できなかった夫婦が精子提供により人工授精をして出産した場合、精子提供者は匿名です。この場合、現行では民法七二二条の規定により、産まれた子どもは夫の子どもと推定されます。しかし、子どもの側から見たときに、親を知る権利が侵害されていることになります。慶応大病院では、第三者の提供精子を使った不妊治療を長年続けてきました。ところが、子どもの親を知る権利をめぐる世界的な動きを背景に精子提供者が減少したことから、二〇一八年八月に新規患者の受付を中止しました（朝日新聞二〇一八年一〇月二二日）。

第9条　親からの分離禁止と分離のための手続

第9条（親からの分離禁止と分離のための手続）

1、締約国は、子どもが親の意思に反して親から分離されないことを確保する。ただし、権限ある機関が司法審査に服することを条件として、適用可能な法律および手続に従い、このような分離が子どもの最善の利益のために必要であると決定する場合は、この限りでない。当該決定は、親によって子どもが虐待もしくは放任される場合、または親が別れて生活し、子どもの居所が決定されなければならない場合などに特別に必要となる。

2、1に基づくいかなる手続においても、すべての利害関係者は、当該手続に参加し、かつ自己の見解を周知させる機会が与えられる。

3、締約国は、親の一方または双方から分離されている子どもが、子どもの最善の利益に反しないかぎり、定期的に親双方との個人的関係および直接の接触を保つ権利を尊重する。

4、このような分離が、親の一方もしくは双方または子どもの抑留、拘禁、流刑、追放または死亡（国家による拘束中に何らかの理由から生じた死亡も含む）など締約国によってとられた行為から生じる場合には、締約国は、申請に基づいて、親、子ども、または適当な場合には家族の他の構成員に対して、家族の不在者の所在に関する不可欠な情報を提供する。ただし、情報の提供が子どもの福祉を害する場合は、この限りではない。締約国は、さらに、当該申請の提出自体が関係者にいかなる不利な結果ももたらさないことを確保する。

第九条では親の意志に反して親と子が離れ離れにならないこと、もし離れ離れになるときはどんな手続きをふむのかが定められています。

国は子どもが親と一緒にくらせるようにします。ただし、親がいることで子どもにとって良くないことが起きる場合があります。虐待される場合などです。そんなとき子どもは法律と手続きに従って親から離れて暮らすことができます。親と離れ離れになるとき、自分に関係のあることを決めるにあたって、子どもは意見を表明する権利があります。親と離れ離れでくらす場合、子どもの最善の利益に反しない限り親と定期的に会うことができます。親と離れ離れになることが国によるものである場合、子どもと親はそれぞれがどこにいるのかを知ることができます。ただし、子どもにとってよくない結果をもたらす場合はのぞきます。たとえば虐待が原因で離れてくらしている親に子どもの居場所を知らせた場合、子どもを探し当てて虐待を続けそうな場合などです。

子どもが親と離れるときのひとつに離婚があります。人口動態統計によると二〇一八年の婚姻件数は五九万組、離婚件数は二〇万七〇〇〇組でした。離婚した後も、子どもにとっては親であることにかわりはありません。しかし、日本では離婚後の面会交流についての国内法が整備されていません。そのためお互いに会いたくても会えないという状況もあります。日本の第四回・第五回統合定期報告書に関する総括所見（二〇一九）では、子どもの最善の利益に合致する場合には、子どもの共同親権を認める目的で離婚後の親子関係について定めた法律を改正することが勧告されました。これは、離婚後に一緒に住んでいない親と子がつながり続け、子どもが親に会いたいときに会える権利を保障するためです。この権利は国境を越えて保障されるべきです。

第10条　家族再会のための出入国

第10条（家族再会のための出入国）

1、家族再会を目的とする子どもまたは親の出入国の申請は、第9条1に基づく締約国の義務に従い、締約国によって積極的、人道的および迅速な方法で取り扱われる。締約国は、さらに、当該申請の提出が申請者および家族の構成員にいかなる不利な結果ももたらさないことを確保する。

2、異なる国々に居住する親をもつ子どもは、例外的な状況を除き、定期的に親双方との個人的関係および直接の接触を保つ権利を有する。締約国は、この目的のため、第9条1に基づく締約国の義務に従い、子どもおよび親が自国を含むいずれの国からも離れ、自国へ戻る権利を尊重する。いずれの国からも離れる権利は、法律で定める制限であって、国の安全、公の秩序、公衆の健康もしくは道徳、または他の者の権利および自由の保護のために必要とされ、かつこの条約において認められる他の権利と抵触しない制限のみに服する。

一〇条では国をこえて離れ離れになった親子の出入国について定めています。離れ離れになる理由は、武力紛争や気候変動で難民になってしまった場合、不法滞在で強制退去になる場合、移民などさまざまです。国は、家族が再会するための子どもまたは親の出入国の申請を子どものことを第一に考えできるだけすみやかに取り扱います。親とちがう国に住んでいる子どもは、親に会うためにその国へ行きまた戻ることができます。

子どもの権利条約では、子どもにとって良くない場合をのぞいて、子どもと親はできるだけ一緒にいたほうがいいと考えています。しかし、日本では不法滞在で強制退去させられた場合は入管法（出入国管理及び難民認定法）の規定に基づき一定期間日本に再入国ができなくなります。そうすると、子どもはその期間、親に会えなくなってしまいます。

現在、出入国管理庁は、強制退去の対象であっても未成年を施設に収容しません。親を収容し、子どもを親から分離する際、児童相談所に保護を依頼したケースが二〇一七年には二八人にのぼったことが明らかとなりました（「入管による家族の分離が急増　外国人の親を拘束、子は児相に」二〇一九年五月一二日、共同通信）。親と切り離された子どもの心身への負担を考えれば、子どもの権利条約第九条に基づき、親子分離は早急に禁止すべきです。そして、子どもの最善の利益に基づいて、親と一緒にくらすことができるように、出入国管理手続きなど国内の制度と法を見直していく必要があります。

第11条　国外不法移送・不返還の防止

第11条（国外不法移送・不返還の防止）

1、締約国は、子どもの国外不法移送および不返還と闘うための措置をとる。

2、この目的のため、締約国は、二国間もしくは多数国間の協定の締結または現行の協定への加入を促進する。

第一一条では、子どもが別の国に無理やり連れていかれたり、帰れなくしたりしないように定めています。無理やり連れていかれたら戻れるように、国同士で協力しなければなりません。

一一条は親族間のこと、たとえば父母の一方が、親権者である相手の承諾を得ずに子どもを外国に連れ去ったり、子どもを返さないことを想定しています。国境を超えた子どもの連れ去りは、子どもにとっては生活が一変する出来事です。友達とも別れなくてはならず、言語や文化が異なる環境にさらされ、有害な影響を与えることも少なくありません。国際結婚が年間二万件を超えた現在、あなたの働く学童保育に、このようなケースに該当する子がいるかもしれません。

国際結婚の破たんなどによって国境を越えて連れ去られた子を元の国に戻すための国際ルールに、ハーグ条約（国際的な子の奪取の民事上の側面に関する条約）があります。ハーグ条約の柱は、子どもを元いた国に返すこと、そして親子の面会交流権を確保することです。日本は二〇一四年に加盟しましたが、国内法の不備を再三指摘されてきています。たとえば、これまで子の連れ去りに関して子どものための特別なルールはなく一般の動産と同じ条文が適用されてきました。親権者から申し立てがあれば、裁判所の執行官は民事執行法の動産の規定に基づいて強制的な連れ出しを行っており、執行の際には同居する親権を失った親が立ち会うことが原則でした。ところが、親権を失った親が子どもと同居し続けて離さず、強制的な連れ出しに対しても抵抗して応じないことが多くありました。

しかし子どもは物ではありません。「物」としての規定しかない状況では、どこまで強制的に連れ出しができるのかも現場の判断に任せられていました。そこでようやく、二〇一九年五月に改正民事執行法が成立し、国境を越えて連れ去られた子の取り扱いを定めたハーグ条約実施法も改正されました。この改正により、裁判所が「監護者」と認めた親の元に戻すルールが明文化され、引き渡しに監護者が立ち会えば子と同居する親が不在でも連れ出せる規定を盛り込みました。なお、子の引き渡しにあたっては、子どもがショックを受けたりしないよう十分な配慮が求められます。同居する親が不在でも連れ出せるようになったからといって、下校中に子どもを無理やり監護者に引き渡すようなことは避けたほうがよいでしょう。

第12条　意見表明権

第12条（意見表明権）

1、締約国は、自己の見解をまとめる力のある子どもに対して、その子どもに影響を与えるすべての事柄について自由に自己の見解を表明する権利を保障する。その際、子どもの見解が、その年齢および成熟に従い、正当に重視される。

2、この目的のため、子どもは、とくに、国内法の手続規則と一致する方法で、自己に影響を与えるいかなる司法的および行政的手続においても、直接にまたは代理人もしくは適当な団体を通じて聴聞される機会を与えられる。

第一二条では、子どもに関するあらゆることがらについて、子どもは意見を表明することができると定められています。しかも、子どもががんばって理路整然と話さないといけないのではなく、年齢や発達の度合いに応じて聴く側のおとなに工夫が求められています。**これも一般原則の一つです。**国は、子どもに影響がある司法的・行政的な手続きのときは、子ども自身の意見が聴かれる機会をつくらなければならないことが定められています。「**私たちのことを私たち抜きで決めないで**(Nothing about us without us)」[18]といえばわかりやすいでしょうか。

子どもに関することがらのなかにはもちろん学童保育も含まれます。たとえば、初めて学童保育に来るとき、不安を抱えている子がいます。「なぜ、わたしは／ぼくは学童保育に行かなければならないの？」と疑問を抱く子もいます。小学校に行っている子の全員が学童保育に行くわけではないのでなおさらです。なぜその子が学童保育に行かなければならないのか、子どもが納得することはそれから数年間の学童保育での生活を考えると、とても大切なことです。

まずは、保護者自身が子どもの不安や不満に耳を傾けることができるように促してください。そして、保護者が自分の言葉で、子どもが学童に行く理由を説明できるように、お手伝いをしてあげてください。支援員がとても丁寧に子どもの不安を聴き取り、親子の会話の橋渡しをしたことで、いつの間にか子どもたちが学童を大好きになった、という話はよく耳にします。

第13条　表現・情報の自由

第13条（表現・情報の自由）

1、子どもは表現の自由への権利を有する。この権利は、国境にかかわりなく、口頭、手書きもしくは印刷、芸術の形態または子どもが選択する他のあらゆる方法により、あらゆる種類の情報および考えを求め、受け、かつ伝える自由を含む。

2、この権利の行使については、一定の制限を課することができる。ただし、その制限は、法律によって定められ、かつ次の目的のために必要とされるものに限る。

a. 他の者の権利または信用の尊重

b. 国の安全、公の秩序または公衆の健康もしくは道徳の保護

第一三条では、表現・情報の自由が定められています。表現方法は口でいうのでもいいし、書いたり、踊ったり、演劇だったり、どんな方法でもよいのです。また、いろいろな情報や考えを探して、誰かに伝えることも権利です。表現・情報の自由は制限される場合があるのですが、それは法

律で決められたことで、他の人の権利や信用を大切にするためです。また、国の安全や公の秩序を守るときは制限されます。

たとえば、子どもたちが「子どもと災害」について調べているとします。災害に関するいろんな情報を手に入れて、それを誰かに伝えるために壁新聞にする子もいれば、プレゼンソフトで発表する子もいるかもしれません。SNSで情報発信をすることも可能です。しかし、被災した子どもたちに関する個人が特定されるような写真を、本人の許可なく掲載することはしてはいけません。それは子どものプライバシーの権利を尊重するためです。

第14条　思想・良心・宗教の自由

第14条（思想・良心・宗教の自由）

1、締約国は、子どもの思想、良心および宗教の自由への権利を尊重する。
2、締約国は、親および適当な場合には法定保護者が、子どもが自己の権利を行使するにあたって、子どもの能力の発達と一致する方法で子どもに指示を与える権利および義務を尊重する。
3、宗教または信念を表明する自由については、法律で定める制限であって、公共の安全、公の秩序、公衆の健康もしくは道徳、または他の者の基本的な権利および自由を保護するために必要な制限のみを課することができる。

第一四条は、子どもの思想・良心・宗教の自由について定めています。保護者は、子どもがその年齢と発達に応じてこの権利を行使できるように、子どもに指示を与える権利と義務があります。思想・良心・宗教の自由は、第一三条と同様に、法律で定めることであって、ほかの人の権利を守ったり、社会の安全のために制限されることがあります。

海外とつながりのある子どもたちが多く暮らすようになってきました。法務省「在留外国人統計」によれば、二〇一八年一二月在留外国人は二七三万一〇九三人で過去最高を記録しました。そのうち在留統計上の年齢区分である一九歳以下の在留外国人数は三四万八五四一人です。また、厚生労働省人口動態統計によれば、二〇一七年に日本で生まれた子どものうち約二%は親のどちらかが日本以外の国籍でした。このように、何らかのかたちで海外とつながりのある子どもたちは今後も増えると想定されます。

海外とつながりのある子どもたちは、学校と宗教の狭間で多くの課題に直面しています。たとえば給食です。アレルギー対応食は多くの学校で導入されていますが、宗教に対応した給食はじゅうぶんではありません。そのため、お弁当を持参するなどしている子どもも少なくありません。学童保育のおやつを考えたときに、イスラム教では豚肉と酒が禁じられ、ゼラチン、みりんなど豚や酒が原料となるものも口にできないので配慮が必要です。イスラム教徒にはラマダンがあります。ラマダンは、イスラム歴九月に行われ、日の出前から日没まで、断食をしたり、人の悪口を言わない、けんかをしないなどをして心身を清めます。低学年ではしない場合もありますが、断食している子であれば他の子どもがおやつを食べている間に別室で遊ぶといった工夫もあってよいでしょう。

また、宗教によっては学童保育での活動にも工夫が必要です。イスラム教であれば、宗教規範によって芸術に心を奪われてしまうようなことは避けたいので、行事や普段の遊びでにぎやかな楽器の演奏や歌には参加しないで、別室で静かに過ごすというケースもあります。男女が接触してダンスをしたりすることも高学年では避けたい子が多いでしょう。毎日の礼拝をする際には、静かな場所を使えるような工夫もあってよいと思います。

これらのニーズは宗教や宗派によっても異なります。すべてのニーズに応えられないこともあるでしょうが、**「わがまま」と切り捨てるのではなく、権利の視点で考えていくことが重要です。**先入観で決めつけるのではなく、まずは、子どもにどんなニーズがあり、何に困っているのかを具体的に聴くことです。宗教を否定されることは、子どもにとっては自分そのものを否定されているように感じられることもあるでしょう。どうしてほしいのかを明らかにし、そこから、何ができて／何ができないのか、学童保育でも、保護者や子どもと話し合いながら安心して過ごせる空間をつくりだせるとよいですね。

コラム⑤　食べてもいいグミと食べられないグミ

グミ、好きですか？　子どもたちも大好きなお菓子のグミです。

ある日、ゼミ生と話していたときに「食べてもいいグミと食べられないグミがある」という話になりました。「これは食べてもいいグミなんです！」といって差し出したのは、世界的に有名なメーカーのグミが入ったボトルでした。

彼女はイスラム教徒です。大学ではヒジャブ（イスラム教徒の女性が頭や身体を覆う布）をつけ、ゼミが始まる前の時間に「ちょっと礼拝行ってきます！」と声をかけていきます。とても元気な学生です。

この一年間で、彼女からたくさんのことを学びました。豚肉を食べてはいけないだけでなく、豚肉由来のものもだめであること。ゼリーやグミには豚由来のゼラチンが入っていることが多くその場合は食べることができないけれど、植物由来のもので代替されていれば食べることができること。外で買って食べようとすると食べてはいけないものが入っているかもしれないので、学生の合同研究室で昼ご飯をつくることにしたこと（その後、彼女は「食堂」を開店し、教員や学生に昼ご飯を売っていました。食堂は毎回盛況でした）。食べ物やふるまいに関しては、宗派やご家庭の状況によっても異なる場合があるかもしれないこと。彼女が「ムスリマ（イスラム教徒の女性形をムスリマと言います）」と

学校帰りに立ち寄った中学２年生たち。「ここでよくトランプしたよね」「なつかしいな」たちまちあの頃のように遊びだす……。

して大切にしていることのひとつひとつを教えてもらった一年間でした。

異なる宗教や文化を理解するとは、自分とはちがうものとして尊重すること、相手が大切にしている気持ちを受け止めてどうしたらその大切なものを守れるかを考えていくことではないでしょうか。その人と全く同じことをしたり、同じ考えになることではなく、ちがいを前提にしてちがいを守っていくこと、と言えばいいでしょうか。

宗教や文化の異なる子どもを見て「変なのー！」という子がいるかもしれません。そんなときは、「実はね、あなたも私も変なのかもしれないよ」と教えてあげてください。宗教や文化がちがえば、その場の「当たり前」が異なること、自分が「変だ！」と感じたことが、あるところでは「当たり前」ということも十分あり得ます。だから、どちらか一方に合わせるのではなく、お互いのことを知って、ちがいを大切にできたら、と思います。

あなたの学童クラブにイスラム教徒の子どもがいたら、一緒に、「食べてもいいグミ」を探してみませんか。

第15条 結社・集会の自由

第15条(結社・集会の自由)

1、締約国は、子どもの結社の自由および平和的な集会の自由への権利を認める。

2、これらの権利の行使については、法律に従って課される制限であって、国の安全もしくは公共の安全、公の秩序、公衆の健康もしくは道徳の保護、または他の者の権利および自由の保護のために民主的社会において必要なもの以外のいかなる制限も課することができない。

第一五条は結社・集会の自由について定めています。子どもはグループをつくったり、集会に参加する権利があります。この権利が制限されるのは、法律にもとづくものであって、国の安全や他の人の権利がおびやかされるときだけです。

二〇一九年は台風による災害が相次いだ年でした。気候変動の影響をひしひしと感じます。気候変動と言えば、巻頭で紹介したスウェーデンの環境活動家グレタ・トゥンベリさんを思い浮かべる人も多いでしょう。グレタさんは二〇一八年八月、地球温暖化に対する政府の無策に抗議し、学校を休んでストックホルムの国会議事堂前に座り込みを始めました。「学校ストライキ」をたった一人で始めたのです。この行動は、アメリカの銃規制を求めて授業をボイコットした高校生に影響を受けたそうです。

気候変動の危機が迫っていることにおとな社会が行動を起こさないことに対する抗議のようすは、SNS等を通じて世界に拡散されました。やがて、毎週金曜日に授業をボイコットする「学校ストライキ」は、「未来のための金曜日（FFF：Friday For Future）」として全世界に広まっていきました。二〇一九年九月の国連気候行動サミットに合わせて行われたグローバル気候ストライキには、一八五か国七六〇万人以上が参加したと国際環境NGOが発表しています（朝日新聞二〇一九年九月三〇日付）。グレタさんのこの行動は、子どもの権利条約第一二条子どもの意見表明権と第一五条結社・集会の自由に基づくものです。

サミットが開催されたニューヨークでは、ニューヨーク市教育局が、親の同意があれば九月二〇日（金）に実施される学校ストライキに参加することを容認するとツィッターで表明しました。

We applaud our students when they raise their voices in a safe and respectful manner on issues that matter to them. Young people around the world are joining the #ClimateStrike this week—showing that student action will lead us forward. @

NYCSchools,2019.9.13

「生徒が自らに関係する問題に対し、安全で節度ある方法で声をあげることに対し、私たちは私たちの生徒に拍手を送りたい。世界中の子ども・若者たちが気候ストライキに参加することは、生徒たちの行動が私たちを未来へと導いてくれることを示している」（NY市教育局）

NY市教育局以外にも、多くの国と地域の学校や教育行政が、学校ストライキを子どもの権利として容認する表明をしています。

日本でも板橋の小学生の活動が報道されています。板橋区の児童相談所建設に伴い、サッカーや野球の練習場だった旧板橋第三小学校グラウンドが使えなくなったことに対し、小学生八人が遊び場を求めて声をあげたのです。区役所に行って職員に相談してみると区長への手紙を紹介されました。そこで、区長への手紙を書きました。

ぼくたちは、小学五年生です。いつも公文書館のグランドでほうかごいつもサッカーをやっています。だけど今日からグランドが使えなくなってしまったのです。近くに公園があるのですが、近所の方がたのそう音によるめいわくなどもあり、強くボールをけったりなどの行いができません。そのような事からもうぼくたちはボール遊びを、やる事ができなくなってしまったのです。その事から、ぼくらはとても悩んでおります。なので、公文書館のグランドのふっきや、あたらしい公園などを作ってもらえれば、こうえいです。日本はとてもせまい国です。しかもその中の、東京に、そのような場を作れなど、とてもむずかしい事です。だけどぼくらは、サッカーをしたいのです。おねがいします!!

一か月後に区長から届いた返事には「ボール遊びができる公園は一五か所あります」「小学校の校庭を開放していますが、安全のためやわらかいサッカーボールでないと使えません」とあり、男の子たちは残念な気持ちになりました。小学校の校庭ではやわらかいボールしか使えないことはわかっていて、だからこそ、校庭ではない別の遊び場をつくってほしいとお願いしたのに、伝わっていないようでした。

そんな子どもたちの不満を耳にしていたのは旧第三小ボランティアセンターの職員さんでした。その職員さんのよびかけで、子どもたちは月に一回、遊び場について考える「子ども会議」を始めます。子どもたちは放課後などに公園をまわったりして、区内の状況を調べました。その結果、広くて芝生のある公園は午後四時半で鍵が閉まるため放課後だとほとんど遊べないこと、野球グラウンドは団体の予約で九〇%以上が埋まってしまっておりおとなの付き添いも必要なこと、廃校になった別の小学校のグラウンドは火曜と木曜は団体が使っており、他の日は鍵がかかっていて入れないことなどがわかりました。

この結果を踏まえて八人は、「加賀二丁目公園の利用時間を延長してください」など五項目の

「子どもの遊び場についての陳情」をまとめ、区議会に提出しました。陳情は、二〇一九年一二月の板橋区議会の委員会で審議され、加賀二丁目公園の利用時間は一六：三〇までだったものが三―九月は一七：三〇まで延長されるなど採択され、一部は継続審議となりました。[19]（NHK「僕らがちんじょうしたわけ」二〇一九年一二月一七日、東京新聞二〇一九年一一月五日）。

子どもが自分に関することに対して社会に意見を発信しようとするとき、仲間をつくり安心できる場所に集って話し合いを重ねていくプロセスが重要となります。そのプロセスを支えられるかどうか、まさに周囲のおとなの腕の見せどころです。

第16条　プライバシィ・通信・名誉の保護

第16条（プライバシィ・通信・名誉の保護）

1、いかなる子どもも、プライバシィ、家族、住居または通信を恣意的にまたは不法に干渉されず、かつ、名誉および信用を不法に攻撃されない。

2、子どもは、このような干渉または攻撃に対する法律の保護を受ける権利を有する。

第一六条では、どんな子どもも、法的な理由なくまた法的な理由があっても恣意的に自分のことや家族のこと、住まいについて探られない権利があります。加えて、その人の名誉や信用も攻撃されない権利があります。そして、探られたり攻撃されたりしたら、子どものプライバシーを守るために法律で守られる権利があります。

ある学童保育で、一年生の持ち物がなくなるという出来事がありました。その際に、子どもたち全員の持ち物を支援員がチェックしたのだそうです。二、三年生たちのなかには持ち物を見せるのに嫌な顔をしている子もいたといいます。結局、持ち物は本人の荷物の一番下からでてきました。支援員はこの出来事をふりかえって、「あれは子どものプライバシーの侵害だったのでは？」と考えました。みなさんはどう思われますか。

誰かの持ち物が行方不明になることは、子どもたちがいる場所であればままあることです。しかし、支援員が全員の持ち物をチェックするのはやはりプライバシーを侵害していると思われます。ではどうすればよかったのでしょうか。

まず、子どもたちに状況を説明することです。そして納得してもらったうえで、自分の荷物の中に紛れていないか各自に確認してもらってはいかがでしょうか。もちろん手間も時間もかかりますが、なくなったものを探すために子どもの権利を侵害するのは本末転倒でしょう。

第17条（適切な情報へのアクセス）

締約国は、マスメディアの果たす重要な機能を認め、かつ、子どもが多様な国内的および国際的な情報源からの情報および資料、とくに自己の社会的、精神的および道徳的福祉ならびに心身の健康の促進を目的とした情報および資料へアクセスすることを確保する。この目的のため、締約国は、次のことをする。

a. マスメディアが、子どもにとって社会的および文化的利益があり、かつ第29条の精神と合致する情報および資料を普及する事を奨励すること。

b. 多様な文化的、国内的および国際的な情報源からの当該情報および資料の作成、交換および普及について国際協力を奨励すること。

c. 子ども用図書の製作および普及を奨励すること。

d. マスメディアが、少数者集団に属する子どもまたは先住民である子どもの言語上のニーズをとくに配慮することを奨励すること。

e. 第13条および第18条の諸条項に留意し、子どもの福祉に有害な情報および資料から子どもを保護するための適当な指針の発展を奨励すること。

第一七条は適切な情報へのアクセスを定めています。

国は、マスメディアの果たす重要な役割を認め、子どもが国内外のさまざまな情報源から情報や資料、とくに自分にかかわる社会的・精神的・道徳的福祉・心身の健康を促すことを目的とした情報や資料にアクセスすることを保障しなければなりません。この目的のために国は次のことをします。マスメディアが子どもにとって社会的・文化的に利益があり、第二九条「教育の目的」（一五〇頁）の精神とあう情報を広めること。情報および資料の作成について、国同士で協力すること。子ども用図書の製作と普及をすすめること。マスメディアが、マイノリティの子どもたちの言葉のニーズに配慮すること。第一三条「表現・情報の自由」（一〇二頁）、第一八条「親の第一次的養育責任と国の援助」（一一六頁）に気を付けながら、子どもにとって有害な情報と資料から子どもを守るための指針をつくること。

情報へのアクセスは、子どもがさまざまな権利を行使していく土台となります。第一七条では、子どもに対して情報をやみくもに制限するのではなく、情報を提供し子ども自身が積極的に情報を判断していくこと、そのために国やマスメディアができることが書かれています。

さて、学童保育との関係を考えると、ぜひ目を向けてほしいのは「c．子ども用図書の製作および普及」です。学童保育には子ども向けの本コーナーがあると思います。『エルマーのぼうけん』『としょかんライオン』『かいけつゾロリシリーズ』『もしかしたら名探偵シリーズ』など絵本や児童書は子どもの世界を豊かにしてくれます。子どもたちが自分のお気に入りの本を紹介したり、次に買う本を決めたり、子ども参加で本の世界を広げていく試みもあるとよいですね。

第18条　親の第一次的養育責任と国の援助

第18条（親の第一次的養育責任と国の援助）

1、締約国は、親双方が子どもの養育および発達に対する共通の責任を有するという原則の承認を確保するために最善の努力を払う。親または場合によって法定保護者は、子どもの養育および発達に対する第一次的責任を有する。子どもの最善の利益が、親または法定保護者の基本的関心となる。

2、この条約に掲げる権利の保障および促進のために、締約国は、親および法定保護者が子どもの養育責任を果たすにあたって適当な援助を与え、かつ、子どものケアのための機関、施設およびサービスの発展を確保する。

3、締約国は、働く親をもつ子どもが、受ける資格のある保育サービスおよび保育施設から利益を得る権利を有することを確保するためにあらゆる適当な措置をとる。

第一八条は親の養育責任と国の援助について定めています。子どもの養育と発達の第一の責任は親双方にあり、養育と発達にあたっては子どもの最善の利益にかなうようにしなければなりません。親がその責任を果たすために国は親を助け、子どものケアのための機関や施設などを充実させなければなりません。また、国は親が働いている子どもが保育を受けることができるように、あらゆることをします。

第三項の保育は、英文では child-care です。ここには、保育所だけでなく学童保育も含まれます。厚生労働省によると、二〇一九年の放課後児童健全育成事業（放課後児童クラブ）の登録児童数は前年比六万四九四一人増の一二九万九三〇七人、クラブ数は前年比五五三か所増の二万五八八一か所、待機児童数は前年比九八二人増の一万八二六一人でいずれも過去最多を更新しました。待機児童の数としては東京都、埼玉県、千葉県で全体の四割弱を占めています。

この背景には、共働き世帯の増加と二〇一五年四月から対象が「おおむね一〇歳未満」から「小学六年生まで」に拡大したことがあると考えられます。小学一年生から三年生の待機児童数は減少していますが、小学四年生から六年生については一〇五四人も増加しました[20]。このように、多くの子どもたちが第一八条で定められた保育を受ける権利を行使することができていません。とはいえ、学童保育の基準を無視してまで子どもを受け入れればよいというわけでもありません。質を維持しつつ量を増やすことが求められます。そのためには国の財政援助が必要です。

二〇一八年一一月一九日に開催された第三五回地方分権改革有識者会議・第八八回提案募集検討

専門部会合同会議において、国が省令で定めた「放課後児童健全育成事業の設備及び運営に関する基準」の「従うべき基準」（「放課後児童支援員」の原則複数配置）を「参酌すべき基準」にするという考えが示されました。二〇一九年六月には第九次地方分権一括法が成立し、二〇二〇年四月から実施されました。この報道に憤った方も多いのではないかと思います。

しかし、従うべき基準の参酌化は、基準そのものがなくなることを意味しません。地域の特性を踏まえて条例を制定し、他の市町村より手厚い人員配置を行うことも可能です。また、第三者評価等によって実質的に保育の質を確保していく道も探る必要があるでしょう。学童保育の質を向上させ、子どもの最善の利益にかなうものとなるように国や自治体に働きかけていくことが求められます。

第19条　親による虐待・放任・搾取からの保護

第19条（親による虐待・放任・搾取からの保護）

1、締約国は、（両）親、法定保護者または子どもの養育をする他の者による子どもの養育中に、あらゆる形態の身体的または精神的な暴力、侵害または虐待、放任または怠慢な取扱い、性的虐待を含む不当な取扱いまたは搾取から子どもを保護するためにあらゆる適当な立法上、行政上、社会上および教育上の措置をとる。

2、当該保護措置は、適当な場合には、子どもおよび子どもを養育する者に必要な援助を与える社会計画の確立、およびその他の形態の予防のための効果的な手続、ならびに上記の子どもの不当な取扱いについての実例の認定、報告、照会、調査、処理および追跡調査のため、および適当な場合には、司法的関与のための効果的な手続を含む。

国は、親やそれ以外の人から子どもが育てられるときに、暴力や虐待、搾取からあらゆる手をつくして子どもを保護します。そのために国は、子どもとその保護者を助ける計画をたて、予防をし、何が虐待であるのかの認定をし、報告・照会・調査・処理とその後の追跡調査そして司法の関与のための手続きも含んだ取り組みをします。

日本の虐待への取り組みは、第3章の2（三三頁）を読んでください。児童虐待の保護に向けた学童保育の役割の大切さがご理解いただけると思います。

コラム⑥　親の前ではよい子

学童クラブの研修でできたエピソードです。同じ法人がいくつかの学童を運営しています。ほかの学童保育支援員とグループになって「困った子」について意見をだしてもらっていたときのことです。

「小学校一年生の男子が、おやつの前にテーブルの上を走り回ります。その子が落ち着かないと、みんながおやつを食べることができなくて困っているんです」といいます。何度注意しても、どんなに言い方を変えてもやめないので、指導員さんたちはみんな頭を抱えています。

物を食べるテーブルの上を裸足で走り回るのは確かに手放しで喜べません。学校や家庭ではどんな子なんですか？

「それが、教室ではとてもいい子なんです！　学校公開のときにクラスをのぞきに行ったんですが、背筋もピシーッとして、手もあげて、先生にも褒められていました」

「保護者が迎えにくるんですが、そのときもすごくいい子です！　保護者の前だとピシッとして挨拶もきちんとできて……とても学童と同じ子どもだとは思えません」

小学校一年生は環境が大きく変わる時です。変わった環境に慣れるだけでもひと苦労なのに、生活時間の大部分を占める学校と家庭では「問題のない」「いい子」のようです。これに対して、同

column

じグループにいた別の学童の指導員さんが「……え？　学校ではそんなに良い子なの？」「……親の前でピシッとしてるなんて、なんか違和感あるけど」と、首をかしげています。

ところで、テーブルの上にのぼって歩くといえば、乳幼児さんです。乳幼児さんは、テーブルの上に限らず、おとなが行ってほしくないところにはだいたい侵入を試みます。悪気があるのではなく興味や好奇心からの行動でしょう。テーブルの上を歩いておとながおどろくとそれがおもしろくて何度もやります。「そこは登ってはダメよ」「ごはんをたべるところだからね」と何度かたしなめられるうちに、だんだんとやってよいことと悪いことの区別がついていきます。乳幼児さんがテーブルの上に登って歩こうとしても、「おとなになってもこのままだったらどうしよう……」と考える大人はあまりいません。

「そんないい子ばかりしていたら疲れないかな」

「もしかして、学校や家庭でたまったストレスを学童で思いっきり発散してるんじゃないの？」

当初、頭を抱えていた支援員さんがハッとした顔をしました。

「教室や家庭が窮屈なのだとしたら、あの子が羽を伸ばせる場所は学童しかないのかもしれない。もちろん、おやつテーブルの上を走り回ることは困る、って伝えるけど、その前にあの子が何を考えているのか、どう感じているのか、もっと話を聴いてみてもいいかも」

その後、すぐにテーブルに乗らなくなったわけではありませんでしたが、三年生になるころには支援員のお手伝いを率先してやってくれるように変わっていったのだそうです。

第20条　家庭環境を奪われた子どもの保護

第20条（家庭環境を奪われた子どもの保護）

1、一時的にもしくは恒常的に家庭環境を奪われた子ども、または、子どもの最善の利益に従えばその環境にとどまることが容認されえない子どもは、国によって与えられる特別な保護および援助を受ける資格を有する。

2、締約国は、国内法に従い、このような子どものための代替的養護を確保する。

3、当該養護には、とりわけ、里親託置、イスラム法のカファラ、養子縁組、または必要な場合には子どもの養護に適した施設での措置を含むことができる。解決策を検討するときには、子どもの養育に継続性が望まれることについて、ならびに子どもの民族的、宗教的、文化的および言語的背景について正当な考慮を払う。

親と一緒に暮らすことができなくなった子どもは、国から守られ助けてもらうことができます。国は、その子たちが、ひとりで暮らさなくてもいいように、親のかわりの保護者をみつけてくれます。保護者をみつけるときは、その子どもの民族や宗教、文化や言葉などをふまえて探します。

このような社会的養護は、子どもの最善の利益のために、社会全体で子どもを育むことを目的として実施されます。社会的養護には、家庭的養護として里親委託・ファミリーホーム、施設として乳児院、児童養護施設、児童自立支援施設、母子生活支援施設などがあります。

学童保育とのつながりはどうでしょうか。たとえば共働きであっても里親になれます。里親として迎え入れた子どもが学童保育に来ることもじゅうぶんに考えられます。また、母子生活施設内に学童保育がある場合もあります。社会的養護とつながりのある子どもたちをどう支えるか、施設等とどう連携していくか、子どもの権利の視点から今一度確認したいところです。

第21条　養子縁組

第21条（養子縁組）

養子縁組の制度を承認および（または）許容している締約国は、子どもの最善の利益が最高の考慮事項であることを確保し、次のことをする。

a．子どもの養子縁組が権限ある機関によってのみ認可されることを確保すること。当該機関は、適用可能な法律および手続に従い、関連がありかつ信頼できるあらゆる情報に基づき、親、親族および法定保護者とかかわる子どもの地位に鑑みて養子縁組が許容されることを決定する。必要があれば、当該養子縁組の関係者が、必要とされるカウンセリングに基づき、養子縁組に対して情報を得た上での同意を与えることを確保すること。

b. 国際養子縁組は、子どもが里親家族もしくは養親家族に託置されることができない場合、または子どもがいかなる適切な方法によってもその出身国において養護されることができない場合には、子どもの養護の代替的手段とみなすことができることを認めること。

c. 国際養子縁組された子どもが、国内養子縁組に関して存在しているのと同等の保障および基準を享受することを確保すること。

d. 国際養子縁組において、当該託置が関与する者の金銭上の不当な利得とならないことを確保するためにあらゆる適当な措置をとること。

e. 適当な場合には、二国間または多数国間の取決めまたは協定を締結することによってこの条の目的を促進し、かつ、この枠組の中で、子どもの他国への当該託置が権限ある機関または組織によって実行されることを確保するよう努力すること。

第二一条は養子縁組について定めています。

養子縁組を認めている国は、子どもにとって一番よいことであるならばこれを認めます。子どもの養子縁組は、権限がある機関からのみ許可されます。その機関は、法律に従い決定します。子どもがその国で養子になれない場合、国際養子縁組をすることができます。国際養子縁組をされた子どもは、国内と同じ権利を子どもに保障します。国際養子縁組が、それに関係する人が不当にお金をもらわないようにしなければなりません。国同士で協力し、国際養子縁組が権限ある機関や組織によって実行されるようにしなければなりません。

日本国内には、普通養子縁組と特別養子縁組があります。普通養子縁組は、戸籍上に養親とともに実親が並記されるので、実親との法律上の関係が戸籍に残る養子の形式です。これに対し特別養子縁組は、子の福祉を積極的に確保する観点からできた制度で、戸籍には養親の実子として記載されます。

厚生労働省によると、虐待や貧困で親元で暮らすことのできない子どもは全国に約四万五千人います。その八割は児童養護施設で暮らしていますが、国際的にはより家庭的な環境で育てられることが期待されています。そこで国は年間一〇〇〇件を目標に掲げていますが、二〇一五年度に成立した特別養子縁組は五四二件でした（司法統計）。数が少ない要因のひとつは、年齢です。これまで特別養子縁組の対象は六歳未満に限られていました。しかし、それ以上の年齢であっても特別養子縁組を検討すべきケースもあります。そこで、二〇一九年六月には、年齢を原則一五歳未満に引き上げる民法等の一部を改正する法律が成立しました。また一五から一七才までの子どもは本人の同意を条件に例外的に認めることになりました。

特別養子縁組の成立には、児童相談所が仲介するケースと、民間団体があっせんする場合があります。いずれも養親の請求に対し家庭裁判所の決定により特別養子縁組が成立します。

民間団体のあっせんでは、産んでくれたら「数百万円を援助する」といった不透明な金銭の動きがあり、人身売買ではないかと批判されてきました。そこで、二〇一八年四月から施行された「養子縁組あっせん法（民間あっせん機関による養子縁組のあっせんに係る児童の保護等に関する法律）」により、民間業者が養親希望者から徴収できる費用を定めました。出産費用など実費は認められますが、実親の生活費は対象外となり、営利目的のあっせんも認められなくなりました。二〇一九年には大阪のＮＰＯが営利目的と判断され、大阪市はあっせん事業を不許可としました。

「民間あっせん機関による養子縁組のあっせんに係る児童の保護等に関する法律等の施行について（通知）」[21]によれば、民間のあっせん機関は子どもの最善の利益を最大限に考慮しなければならないとあります。また、子どもの権利条約第二一条に基づいて、「民間あっせん機関による養子縁組のあっせんは、可能な限り日本国内において児童が養育されることとなるよう行われなければならないこと。具体的には、児童相談所や他の民間あっせん機関と連携して日本国内在住の養親希望者を探すなど、日本国内における養子縁組の可能性を十分に模索し、それでもなお日本国内における養子縁組が見込めない場合に限り、国際的な養子縁組が認められるものであること」としています。

国際養子縁組に対する日本のとりくみは十分ではありません。「民間あっせん機関による養子縁組のあっせんに係る児童の保護等に関する法律施行規則」では、国際養子縁組を行おうとするときに必要な書類等についても明記していますが、養子縁組が成立した後の継続的なモニタリング等については書かれていません。国連子どもの権利委員会は、日本に対し「養子とされたすべての子どもの登録情報を維持し、かつ国際養子縁組に関する中央当局を設置すること。」「国際養子縁組についての子の保護および協力に関するハーグ条約の批准を検討すること。」（二〇一九、パラグラフ30）を勧告しています。

第22条　難民の子どもの保護・援助

第22条（難民の子どもの保護・援助）

1、締約国は、難民の地位を得ようとする子ども、または、適用可能な国際法および国際手続または国内法および国内手続に従って難民とみなされる子どもが、親または他の者の同伴の有無にかかわらず、この条約および自国が締約国となっている他の国際人権文書または国際人道文書に掲げられた適用可能な権利を享受するにあたって、適当な保護および人道的な援助を受けることを確保するために適当な措置をとる。

2、この目的のため、締約国は、適当と認める場合、国際連合および他の権限ある政府間組織または国際連合と協力関係にある非政府組織が、このような子どもを保護しかつ援助するためのいかなる努力にも、および、家族との再会に必要な情報を得るために難民たる子どもの親または家族の他の構成員を追跡するためのいかなる努力にも、協力をする。親または家族の他の構成員を見つけることができない場合には、子どもは、何らかの理由により恒常的にまたは一時的に家庭環境を奪われた子どもと同一の、この条約に掲げられた保護が与えられる。

第二二条では、難民の地位を得ようとする子どもや難民とみなされる子どもが守られることが定められています。その子は、親と一緒でもひとりでも守られます。国は、子どもを保護し、子どもが親や家族と再会できるように協力しなければなりません。家族を見つけることができない場合には、家族に代わって子どものお世話をしてくれる人を見つけてもらえます。

紛争や迫害によって避難を余儀なくされた人は全世界で七〇〇〇万人を超えました。UNHCR（国連難民高等弁務官事務所）によれば、その半数が一八才未満の子どもです。また、途中で家族とはぐれひとりで避難している子どもたちは二〇一八年だけで一一万一〇〇〇人も増えました。家族とはぐれることは大変心細いことです。権利侵害のリスクも高まります。強制的に少年兵とされたり、人身売買の被害に遭うこともあります。そのため、親とはぐれた子どもたちのケアが求められます。

氷点下 10 度の気温の中、家族と移動してきた少女。 ベオグラードの支援拠点に着いた時、少女の両手は凍傷になっていた。

難民が安心して生活するためには、自国に戻る、避難先で定住する、その他の国で定住することが考えられます。法務省入国管理局によると、二〇一八年の日本での難民認定申請者数は一〇、四九三人でした。難民認定手続の結果、在留を認めたのはわずか八二人（約〇・八％）です。その内訳は、難民と認定した外国人が四二人、難民とは認定しなかったものの人道的な配慮を理由に在留を認めた外国人が四〇人となっています。日本の難民認定数は諸外国に比べ極端に低い数字となっており、改善が求められています。

第23条　障害児の権利

第23条（障害児の権利）

1、締約国は、精神的または身体的に障害を負う子どもが、尊厳を確保し、自立を促進し、かつ地域社会への積極的な参加を助長する条件の下で、十分かつ人間に値する生活を享受すべきであることを認める。

2、締約国は、障害児の特別なケアへの権利を認め、かつ、利用可能な手段の下で、援助を受ける資格のある子どもおよびその養育に責任を負う者に対して、申請に基づく援助であって、子どもの条件および親または子どもを養育する他の者の状況に適した援助の拡充を奨励しかつ確保する。

3、障害児の特別なニーズを認め、2に従い拡充された援助は、親または子どもを養育する他の者の財源を考慮しつつ、可能な場合にはいつでも無償で与えられる。その援助は、障害児が可能なかぎり全面的な社会的統合ならびに文化的および精神的発達を含む個人の発達を達成することに貢献する方法で、教育、訓練、保健サービス、リハビリテーションサービス、雇用準備およびレクリエーションの機会に効果的にアクセスしかつそれらを享受することを確保することを目的とする。
4、締約国は、国際協力の精神の下で、障害児の予防保健ならびに医学的、心理学的および機能的治療の分野における適当な情報交換を促進する。その中には、締約国が当該分野においてその能力および技術を向上させ、かつ経験を拡大することを可能にするために、リハビリテーション教育および職業上のサービスの方法に関する情報の普及およびそれへのアクセスが含まれる。この点については、発展途上国のニーズに特別な考慮を払う。

第二三条は、障碍のある子どもの権利について定めています。国は、精神的・身体的に障碍のある子どもが、自分への誇りをもち、自立に向けて、社会への参加を促し、人間らしく生活できるようにしなければなりません。障碍のある子どものそれぞれのケアへの権利を認め、子どもと保護者が支援を受けることができるようにします。その支援は、できるかぎり無料で行います。また、障碍のある子どものために、国同士で情報交換し、発展途上国の子どもたちのニーズに対しても考慮しなければなりません。

二〇一九年の日本政府報告書審査では、障碍のある子どもと学童保育についてふれられた総括所見が採択されています。「障害のある子ども」（パラグラフ32）に関連して、以下のように勧告されています。

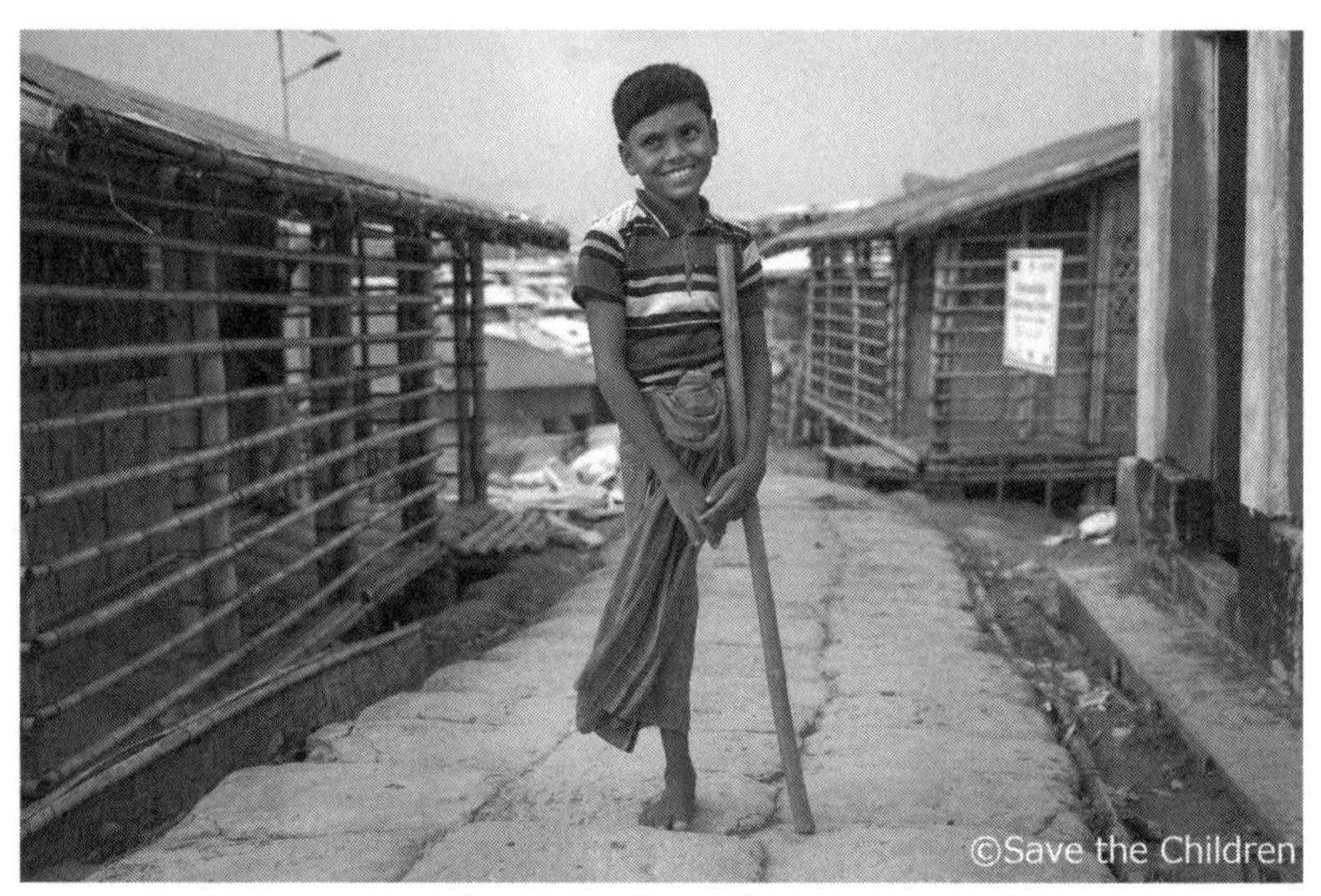

ロヒンギャ難民キャンプで家族と暮らす少年。故郷で起こった暴力で、足を２度撃たれて感染症にかかり、切断せざるを得なくなった。

32（c）学童保育サービスの施設および人員に関する基準を厳格に適用し、かつその実施を監視するとともに、これらのサービスがインクルーシブ(22)であることを確保すること。

この勧告は、障碍のある子どもだけを対象になされたというよりも、学童保育全体について言及されたと考えてよいでしょう。その上で、国連子どもの権利委員会は、学童保育の基準の遵守が子どもの権利保障につながると考えていることがわかります。施設と人に関する最低基準をないがしろにするのではなく、厳格に適用し、かつその実施をモニタリング（監視・観察）すること。そして、基準が守られ、モニタリングされている学童保育が、障碍のある子どもにとっても遊び・生活できる場であることが求められています。

第24条　健康・医療への権利

第24条（健康・医療への権利）

1、締約国は、到達可能な最高水準の健康の享受ならびに疾病の治療およびリハビリテーションのための便宜に対する子どもの権利を認める。締約国は、いかなる子どもも当該保健サービスへアクセスする権利を奪われないことを確保するよう努める。

2、締約国は、この権利の完全な実施を追求し、とくに次の適当な措置をとる。

a．乳幼児および子どもの死亡率を低下させること。

b．基本保健の発展に重点をおいて、すべての子どもに対して必要な医療上の援助および保健を与えることを確保すること。

c．環境汚染の危険およびおそれを考慮しつつ、とりわけ、直ちに利用可能な技術を適用し、かつ十分な栄養価のある食事および清潔な飲料水を供給することにより、基礎保健の枠組の中で疾病および栄養不良と闘うこと。

d．母親のための出産前後の適当な保健を確保すること。

e．すべての社会構成員とくに親および子どもが子どもの健康および栄養の基礎的知識、母乳育児および衛生ならびに環境衛生の利益、ならびに事故の予防措置を活用するにあたって、情報が提供され、教育にアクセスし、かつ援助されることを確保すること。

f．予防保健、親に対する指導、ならびに家庭計画の教育およびサービスを発展させること。

3、締約国は、子どもの健康に有害な伝統的慣行を廃止するために、あらゆる効果的でかつ適当な措置をとる。

4、締約国は、この条約の認める権利の完全な実現を漸進的に達成するために、国際協力を促進しかつ奨励することを約束する。この点については、発展途上国のニーズに特別な考慮を払う。

第二四条は健康と医療への権利を定めています。子どもには、その時点で最高の健康ともっともよい医療を受ける権利があり、その権利は奪われません。この権利の実施のために、国は、乳幼児と子どもの死亡率を低下させ、すべての子どもに基本的な医療と保健を与え、じゅうぶんな栄養のある食事ときれいな水を供給することで栄養不良とたたかい、産前産後のサポートをし、親と子が子どもの健康や栄養、衛生、事故防止の情報と教育にアクセスし、予防保健や家族計画にかんする教育を発展させます。国は子どもの健康に有害な伝統的慣行をなくすためにあらゆる努力をします。

シリアにて新型コロナウイルス感染予防策としてマスクを着けて室内で遊ぶ兄弟。戦闘などのために支援を届けることが難しい地域では、保健医療体制が破滅的な状況で、ほとんど機能していないケースもある。

そして、発展途上国のニーズに配慮しつつ国同士協力していきます。

健康と医療への権利については、日本への総括所見（二〇一九）のなかでとくに思春期の子どものセクシュアルヘルス、リプロダクティブヘルス（性と生殖に関する健康）と関連してふれられました。セクシュアルヘルス、リプロダクティブヘルスに関する教育を学校の必須カリキュラムとして実施すること、中絶の非犯罪化などが勧告されています。

妊娠や中絶なんて、学童の子どもたちには早すぎるのでは？　と思う人もいるかもしれません。しかし、子どもたちが容易に手にすることができる小学生向けのマンガやネット上の動画には過激な性描写のものもあります。本来ならば、家庭や学校を中心に科学的で正確な性知識と、人権の視点からの教育が求められるのですが、残念ながら不十分です。子どもが身近な自分のからだや性について学ぶことに、早すぎるということはないでしょう。

日本への総括所見（二〇一九）では、精神保健に関して、ＡＤＨＤの子どもたちへの過剰診断・投薬について言及しています。発達障害者支援法によれば、「発達障害」とは、「自閉症、アスペルガー症候群その他の広汎性発達障害、学習障害、注意欠陥多動性障害その他これに類する脳機能の障害であってその症状が通常低年齢において発現するものとして政令で定めるもの」を指します。この中でとくにＡＤＨＤの診断と薬による治療が増加していると指摘されています。

過剰診断とはどういうことでしょうか。たとえば、生まれ月の遅い子どもが四月生まれに比べて単に発達が遅いせいで、集中力や注意力が欠如した状態を示すことがあります。この子に対し、集中力が他の子どもより低いという面だけを見て安易にＡＤＨＤと決めつけてしまう、というケースです。また、学習障害のせいで授業がわからずつまらないため立ち歩いているのに、ＡＤＨＤと決めつけられるケースもあります（豊浦、二〇一九）。これらに対してＡＤＨＤの薬を処方されても、ちぐはぐな治療となってしまいます。そこで、ＡＤＨＤの子どもの診断が徹底的に吟味され、薬物の処方は最後の手段として個別のアセスメントを経たのちに初めて行われることが示されました。

ＡＤＨＤに限らず発達障害の子どもは学童保育にもいます。何らかの障碍があるのであれば、その子の障碍特性をふまえてどのような支えが可能かを考えていきたいものです。

column

コラム⑦　災害と学童保育

大きな災害が相次いでいます。気候変動や自然災害に対して、学童保育はなにができるでしょうか。「防災訓練ならやってるよ！」という学童保育は多いでしょう。東日本大震災（二〇一一）・熊本地震（二〇一六）・北部九州豪雨（二〇一七）の被災地域にある児童館・放課後児童クラブ四七二か所を対象とした災害後の子どもの遊びに関する調査（二〇一八年実施）の結果をみてみましょう（有効回答数三〇〇、六三・六％）。

「避難計画・マニュアルを作成し、職員全員で共有している（児童館九〇・二％、クラブ七五・九％）」、「職員と子どもによる避難訓練を定期的に実施している（児童館九五・一％、クラブ七四・一％）」、「非常持ち出し袋や防災頭巾・備蓄物を準備している（児童館六三・四％、クラブ七〇・四％）」、「地震等によって設備、遊具や備品等の落下が生じないか点検している（児童館八一・七％、クラブ六一・一％）」、「職員間で災害対応について話し合っている（児童館七二・四％、クラブ七〇・四％）」といった項目は、児童館・放課後児童クラブいずれにおいても六割以上が当てはまると回答しています。

一方、「子どもたちと災害対応について話し合っている（児童館四三・一％、クラブ二七・八％）」と、子ども参加についてはあまりなされていないのが現実です。子どもと一緒に災害について考える時間があってもよいのではないかと思います。

また、学童保育の現場では多様な子どもたちがいることはすでに述べてきましたが、「アレルギー対応食やエピペンが備蓄に含まれている（児童館六・一%、クラブ一・九%）」であり、「宗教に配慮したハラルフードなどが備蓄に含まれている」に至ってはどちらも〇%でした。「災害後の事業再開計画（BCP）を作成し、職員間全員で共有している」に当てはまると回答したのが、児童館六・一%、クラブ一四・八%と低いのも気になります。あなたの学童保育ではいかがでしょうか。

……ぇぇでも災害の時って学童保育にできることはあるの？　と思われるかもしれません。実は、学童保育こそ災害後に非常に重要な役割を果たしているのです。大きな災害のあと、被害を受けた住宅の片付け、罹災証明の発行など、おとなたちはしなければならないことがたくさんあります。そのとき、子どもをどうしたらいいでしょう。子どもの健康を考えると、災害後の粉塵が舞う場所や衛生状態のよくない場所へ連れていくのはなるべく避けたい。ところが、学校はあいていない。となると頼みの綱は学童保育なのです。

そして災害後の学童保育の強みは、遊びです。ただでさえがまんを強いられる避難所生活のなか、遊んで発散する場所があるだけで、子どもたちのようすはまったくちがいます。お迎えに行ったとき「楽しかったー」と笑顔いっぱいで駆け寄ってきた子どもの姿をみて「しんどいけど、この子のためにがんばれる」と思った保護者がいます。昼間たくさん遊ぶと避難所でもぐっすり眠れた、という声も耳にしました。

とはいえ、指導員も被災することがあります。そんなとき、学童指導員のネットワークを使って被害のない地域の職員が応援に駆け付けることもあります。気候変動の時代、より広域での支援体制をつくっていく時期かもしれません。

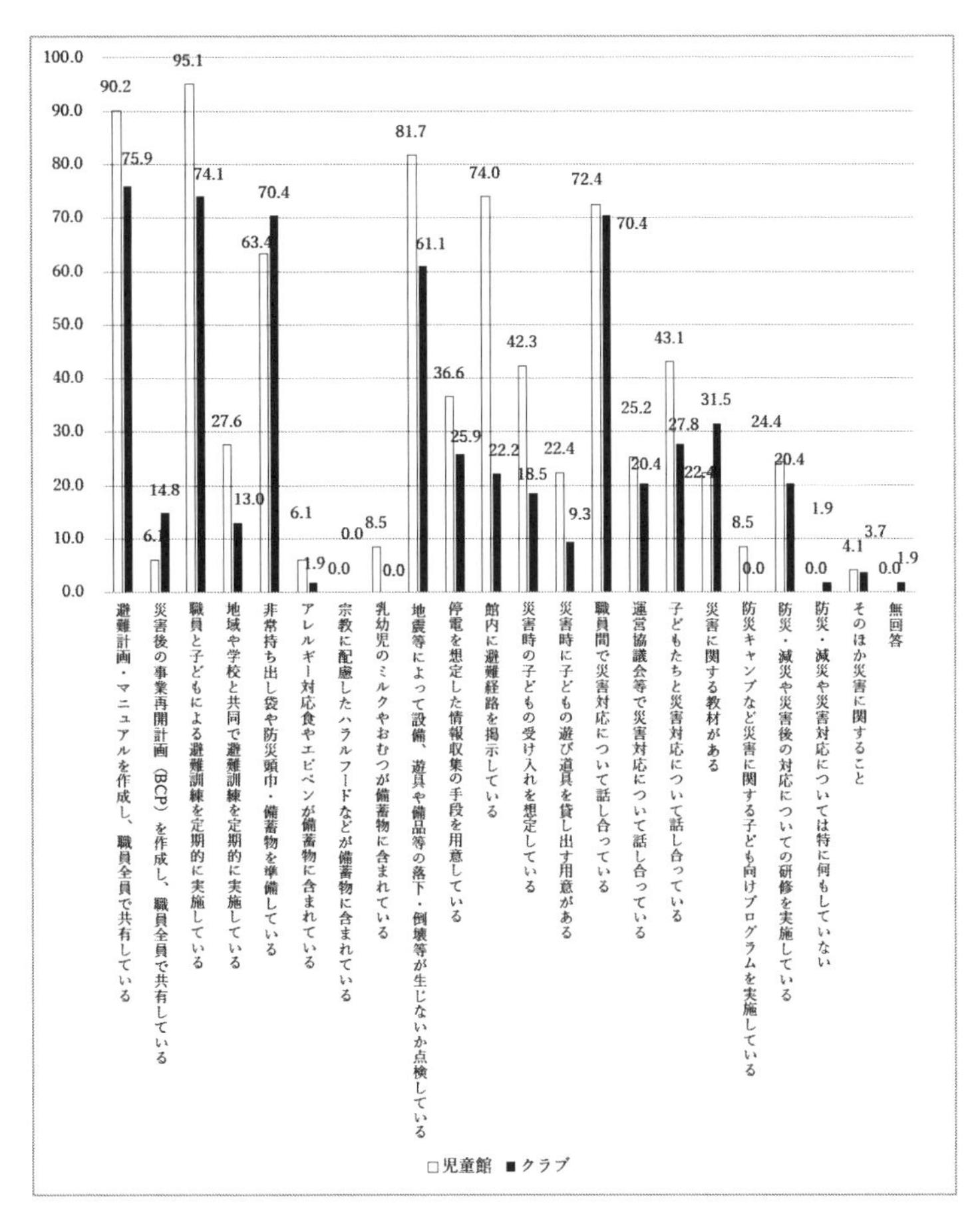

図5 児童館・放課後児童クラブの災害に関する取り組み（安部、2019）

第25条　施設等に措置された子どもの定期的審査

第25条（施設等に措置された子どもの定期的審査）
締約国は、身体的または精神的な健康のケア、保護または治療のために権限ある機関によって措置されている子どもが、自己になされた治療についておよび自己の措置に関する他のあらゆる状況についての定期的審査を受ける権利を有することを認める。

からだとこころの健康や保護、治療のために施設等にいる子どもが、自分にされている治療と自分の状況について知るために、定期的に審査を受ける権利が第二五条です。病院のほかに、児童福祉施設としての乳児院・児童養護施設・児童自立支援施設、矯正施設としての少年院・少年鑑別所・少年刑務所等が挙げられます。

これらの施設に入っている子どもたちが、置かれた状況に困っているときにはどうすればいいでしょうか。施設の職員から殴られる、蹴られる、暴言を吐かれることをどうにかしたいと思っても、誰に助けを求めればいいでしょうか。施設のなかでの出来事は、外からは見えにくいことが多くあります。そこで、何らかの定期的な審査が有効です。

第26条　社会保障への権利

第26条（社会保障への権利）

1、締約国は、すべての子どもに対して社会保険を含む社会保障を享受する権利を認め、かつ、国内法に従いこの権利の完全な実現を達成するために必要な措置をとる。

2、当該給付については、適当な場合には、子どもおよびその扶養に責任を有している者の資力および状況を考慮し、かつ、子どもによってまた子どもに代わってなされた給付の申請に関する他のすべてを考慮しつつ行う。

第二六条は社会保障への権利を定めています。

国はすべての子どもに社会保険を含む社会保障を受ける権利を認めます。生活していくにあたって必要な食べ物や教育を得るために、国は法律にしたがって制度をつくります。生活していくための給付については、子どもと子どもを育てている人の経済的状況に応じて行います。第二六条に関する日本国内の法律には、生活保護法・児童福祉法・国民健康保険法などがあります。

二〇〇八年一〇月、厚生労働省は国民健康保険の保険料滞納により、保険証を返還させられ「無保険」となった中学生以下の子どもが全国一万八二四〇世帯、三万二九〇三人いると発表しました。無保険だと、医療機関の窓口での支払いが全額自己負担となり必要な治療を受けにくくなります。早期に治療すれば短期間で完治する病気やけがが悪化してしまうこともあります。虫歯の治療ができなくて、歯を失ってしまう子もいます。

これに関し、保険料の納付義務は保護者にあり、子どもについては早急な対応が必要であるとの認識から、無保険になっている子どもに短期保険証を交付する改正国民健康保険法が二〇〇八年一二月に可決成立しました。このとき高校生世代は対象外でしたが、その後の厚生労働省による調査で、無保険の高校生世代が一万人いることが判明しました。これを受けて二〇一〇年七月からは短期保険証の交付対象を一八歳以下としました。

制度はできたものの、役所に短期保険証の交付をお願いしたら滞納している他の料金のことを持ち出されるのではないか、また嫌なことを言われるのではないかと恐れて、交付そのものを避ける保護者も少なくありません。親の経済状況に関らず、社会保障を受ける権利は、子どもの大切な権利です。学童保育支援員は、このことを理解して子どもと一緒に役所の窓口に行ったり、保護者を他機関につなぐなどの対応も考えてよいでしょう。

え？　親のことまで？　と思われるかもしれません。しかし、無保険の子どもの背景には家庭の課題が隠れていることがあります。それらの課題を放置したままだと、子どもの問題も深刻化していくことが多いように思います。生活資金の援助であれば「福祉事務所」、配偶者の暴力に悩んでいるならば「配偶者暴力相談支援センター」、精神保健に関することであれば「保健所」や「精神保健福祉センター」と、窓口や制度はたくさんあるのですが、困っている人が自分からこれらの窓口にたどりつくのは正直なところ難しいのではないかと思います。だからこそ、もしもあなたが保護者の困難に気づき他機関や制度につなげてくれたならば、それは子どもの権利を守ることにつながる大切な第一歩となるでしょう。

第27条　生活水準への権利

第27条（生活水準への権利）

1、締約国は、身体的、心理的、精神的、道徳的および社会的発達のために十分な生活水準に対するすべての子どもの権利を認める。

2、(両)親または子どもに責任を負う他の者は、その能力および資力の範囲で、子どもの発達に必要な生活条件を確保する第一次的な責任を負う。

3、締約国は、国内条件に従いかつ財源内において、この権利の実施のために、親および子どもに責任を負う他の者を援助するための適当な措置をとり、ならびに、必要な場合にはとくに栄養、衣服および住居に関して物的援助を行い、かつ援助計画を立てる。
4、締約国は、親または子どもに財政的な責任を有している他の者から、自国内においてもおよび外国からでも子どもの扶養料を回復することを確保するためにあらゆる適当な措置をとる。とくに、子どもに財政的な責任を有している者が子どもと異なる国に居住している場合には、締約国は、国際協定への加入または締結ならびに他の適当な取決めの作成を促進する。

第二七条は生活水準への権利を定めています。

すべての子どもには、身体的、心理的、精神的、道徳的、社会的な発達のために十分な水準の生活を送ることのできる権利があります。その第一次的責任は親にありますが、親ができないときは国が助けます。とくに、食べ物、衣服、そして住む場所に関しての物的な援助を行い、援助計画を立てます。国は、親などから国内でも国外からでも子どもが受け取るお金について見守ります。子どもがその親とちがう国にいても国際的な取り決めをするなどして子どもの権利が守られるようにします。

十分な生活水準とは具体的にはどのようなものでしょうか。公益社団法人セーブ・ザ・チルドレン・ジャパン（SCJ）が二〇一七年に発表した「東北沿岸部における、経済的に困難な状況下の子育て世帯への調査結果」を見てみましょう。この調査は、東日本大震災の影響が大きかった岩手県山田町・宮城県石巻市でＳＣＪの給付型支援を受給した四〇〇世帯を対象として実施したものです。

「あなたの世帯では、過去一年の間に、経済的理由により、子どもに関る下記の経費が支払えないことがありましたか」という問いに「よくあった・ときどきあった・まれにあった」を合計した割合は、「文具や教材の購入費」では三一・三％、「部活動に伴う費用」は二七・五％でした。また、「あなたの世帯では、経済的な理由により、子どもに下記の内容を諦めさせたり、やめさせたりしたことはありますか」という問いに対しては、「ある」と答えた割合が「学習塾」で四〇・九％、「習い事」で四四・二％にのぼりました。勉強が好きで塾に通いたいと言っている長男を「お金がなくて習わせてあげられなくて情けない」という保護者もいました。このような背景には、震災によって保護者が職や家を失ったことも大きいといえます。一方で、災害の有無に関わらず、日本で子どもの貧困が深刻であることはすでに述べた通りです（八八頁）。

生活保護があるじゃないかと思われるかもしれません。しかし、その受給は非常に厳しくなっています。[23]また、生活保護の対象外であって経済的に困難な子どもたちには、就学援助制度がありますが、利用可能な人であっても制度そのものを知らないために支援に結びつかないということも問題となっています。学童保育でも生活保護受給世帯や非課税世帯に対し、利用料の減免などがありますが、それだけでは不十分かもしれません。支援制度の充実を行政に求めたり、今ある制度の不備を指摘していくことも、間近で子どもを見ている学童保育支援員だからこそできる大切な役割のひとつではないでしょうか。

世帯の経済状況のしわよせは、子どもたちのくらしを直撃します。子どもががまんするのではなく、権利を行使しながら育つことができるように、人としくみをつなげたり、しくみそのものを整えていくことが求められています。

第28条　教育への権利

第28条（教育への権利）

1、締約国は、子どもの教育への権利を認め、かつ、漸進的におよび平等な機会に基づいてこの権利を達成するために、とくに次のことをする。

a．初等教育を義務的なものとし、かつすべての者に対して無償とすること。

b．一般教育および職業教育を含む種々の形態の中等教育の発展を奨励し、すべての子どもが利用可能でありかつアクセスできるようにし、ならびに、無償教育の導入および必要な場合には財政的援助の提供などの適当な措置をとること。

c．高等教育を、すべての適当な方法により、能力に基づいてすべての者がアクセスできるものとすること。

d．教育上および職業上の情報ならびに指導を、すべての子どもが利用可能でありかつアクセスできるものとすること。

e．学校への定期的な出席および中途退学率の減少を奨励するための措置をとること。

2、締約国は、学校懲戒が子どもの人間の尊厳と一致する方法で、かつこの条約に従って行われることを確保するためにあらゆる適当な措置をとる。

3、締約国は、とくに、世界中の無知および非識字の根絶に貢献するために、かつ科学的および技術的知識ならびに最新の教育方法へのアクセスを助長するために、教育に関する問題について国際協力を促進しかつ奨励する。この点については、発展途上国のニーズに特別の考慮を払う。

第二八条は子どもの教育への権利について定めています。

国は、子どもの教育への権利を認め、この権利を達成するために次のことをします。初等教育を義務的なものとして、すべての子どもに無料とします。すべての子どもは、一般教育と職業教育を含むさまざまな形態の中等教育を利用可能で進学できます。中等教育は、無料かまたはお金を援助します。子どもは、高等教育へ能力に基づいて進学できます。子どもは学校や職業に関する情報を

紛争が続くシリアで、子どもたちの学びの機会を保障するために行われている移動式教室。

入手し、指導を受ける権利があります。学校に通い中途退学を減らすために、さまざまなことをします。国は、学校懲戒やきまりが子どもの人間らしさを損なわない方法でなされ、子どもの権利を守る方向で行われるように手を尽くします。国は、世界中の無知と読み書きができないことをなくすために、科学的知識と最新の教育へのアクセスをしやすくするために、国同士で協力します。そのときは、発展途上国のニーズに気を付けます。

学童保育に関係する項目としては、懲戒が挙げられます。学童保育においても、そのきまりや懲戒の方法はこれに準じて子どもの人間としての尊厳を傷つけないようにしなければなりません。懲戒で思いつくのは体罰ですが、体罰をしてはならないことはだんだんと浸透してきたと感じます。では体罰をしなければよいのでしょうか。ついつい強い言葉で叱責してしまうことはありませんか。

子どもと密接にかかわる学童保育の場ですから、ふだんの何気ない声かけやはたらきかけにも、留意する必要があります。そこをないがしろにしていると、子どもがルールを守らないときに激高してしまうこともあるかもしれません。どんなときに子どもを叱るのかの境界線をあらかじめ支援員同士で話し合っておくことも肝要です。

ところで、みなさんの学童保育では、ルールをどう決めていますか。ずいぶん前からあることなので誰が決めたかわからないというところ、支援員が決めて子どもに守らせるところ、子どもと一緒にルールを話し合って決めているところ、さまざまです。支援員がつくった「○○してはいけません」の貼り紙がたくさん貼ってあるところもあれば、子どもたちが決めたルールを模造紙いっぱいに楽しそうに描いている学童保育もありました。子どもの権利の視点からみて、よりよいルールの決め方はどのやり方でしょうか。

また、子どもたちがルールを守れないときはどうしていますか。「ルールなんだから守るの！」と言い放つのか、なぜそのルールがあるのか子ども自身が考えることができるように促すのかでは、その後の子どもたちの様子が変わってくるでしょう。たった一回話し合っただけで行動が変わることはおとなでもなかなか難しいので、その子のようすを見守ることも忘れないでいたいものです。

第29条　教育の目的

第29条（教育の目的）

1、締約国は、子どもの教育が次の目的で行われることに同意する。

a．子どもの人格、才能ならびに精神的および身体的能力を最大限可能なまで発達させること。

b．人権および基本的自由の尊重ならびに国際連合憲章に定める諸原則の尊重を発展させること。

c．子どもの親、子ども自身の文化的アイデンティティ、言語および価値の尊重、子どもが居住している国および子どもの出身国の国民的価値の尊重、ならびに自己の文明と異なる文明の尊重を発展させること。

d．すべての諸人民間、民族的、国民的および宗教的集団ならびに先住民間の理解、平和、寛容、性の平等および友好の精神の下で、子どもが自由な社会において責任ある生活を送れるようにすること。

e．自然環境の尊重を発展させること。

2、この条または第28条のいかなる規定も、個人および団体が教育機関を設置しかつ管理する自由を妨げるものと解してはならない。ただし、つねに、この条の１に定める原則が遵守されること、および当該教育機関において行われる教育が国によって定められる最低限度の基準に適合することを条件とする。

第二九条は教育の目的について定めています。

国は子どもの教育が次の目的で行われることに同意します。子どもの人格、才能、精神的、身体的能力を最大限発達させること。人権と基本的自由の尊重、国際連合憲章に定める原則を発展させること。子どもの親、子ども自身の文化的アイデンティティ、言葉や価値、子どもが住んでいる国と出身国の価値を大切にし、自分の文明と異なる文明を大切にすること。すべての人を理解し、平和に、寛容で、性の平等と友好的な考えのもとで、子どもが自由な社会で責任のある生活を送れるようにすること。自然環境を大切にすること。二八条も二九条も、個人や団体が教育機関を設置管理する自由を妨げません。ただし、二九条一に定める原則が守られ、最低限度の基準にあうことを条件とします。

子どもの権利委員会は一般的意見一号「第二九条一項：教育の目的」[24]（二〇〇一年）のなかで、「第二九条一項は、第二八条で認められた教育への権利に、子どもの権利および固有の尊厳を反映した質的側面を付け加えるだけにとどまらない。同時に、教育を、子ども中心の、子どもにやさしい、かつエンパワー[25]につながるようなものにしなければならないと力説しているのである」と指摘しました。

子ども中心の、子どもにやさしい、かつエンパワーにつながるもの、それは教育だけでなく学童保育の場にもいえることです。あなたの学童保育は子ども中心の場になっているでしょうか。

第30条　少数者・先住民の子どもの権利

第30条（少数者・先住民の子どもの権利）
民族上、宗教上もしくは言語上の少数者、または先住民が存在する国においては、当該少数者または先住民に属する子どもは、自己の集団の他の構成員とともに、自己の文化を享受し、自己の宗教を信仰しかつ実践し、または自己の言語を使用する権利を否定されない。

第三〇条は少数者や先住民の子どもの権利を定めています。民族、宗教、言葉などが少数派の子どもや、先住民の子どもには、自分の文化にのっとって生活し、宗教を信仰し、自分たちの言葉を話す権利があります。

『ゴールデン・カムイ』というマンガを知っている人もいるでしょう。日露戦争（一九〇四―一九〇五）終結後の北海道・樺太を舞台に、アイヌの少女であるアシㇼパと元陸軍兵の杉元を中心に展開される物語です。マンガの中ではアイヌの食や狩猟、住居や衣装などが非常に丁寧に描写され、ここからアイヌの世界観に魅了された人もいるのではないでしょうか。

しかし、アイヌの人々は、明治期以降権利を保障されるどころか、先住民族とさえ位置づけられてきませんでした。ようやく二〇一九年四月に成立した「アイヌ新法」により、「先住民族であるアイヌの人々」と明記されたのです。ところがこの法律は経済や観光の振興を目的としており、アイヌの人々が求めていた「先住権」は盛り込まれませんでした。生活や教育の支援も十分とはいえません。教育面では、明治期以降学校でアイヌ語ではなく日本語を強制され、今ではアイヌ語を話すことのできる人はどんどん減っています。北海道が二〇一七年に実施した「北海道アイヌ生活実態調査」では、対象市町村全体では大学進学率が四五・八％であったのに対し、アイヌの人々は三三・三％でした。生活面では、経済的な困難も浮き彫りになっています。

少数者はアイヌ民族だけではありません。在日コリアンや琉球の人々など、まだまだ課題が多くあります。二〇一九年四月より、在留資格「特定技能」を取得した外国人材の受け入れを拡大する政府の方針により、移住労働者が増加しています。ヴェトナムやフィリピンをはじめ、海外とつながりのある子どもたちがあなたの学童保育にも入ってくる可能性があります。そのとき、この三〇条は頼れる条文となるはずです。

第31条　休息・余暇、遊び、文化的・芸術的生活への参加

第31条（休息・余暇、遊び、文化的・芸術的生活への参加）

1、締約国は、子どもが、休息しかつ余暇をもつ権利、その年齢にふさわしい遊びおよびレクリエーション的活動を行う権利、ならびに文化的生活および芸術に自由に参加する権利を認める。

2、締約国は、子どもが文化的および芸術的生活に十分に参加する権利を尊重しかつ促進し、ならびに、文化的、芸術的、レクリエーション的および余暇的活動のための適当かつ平等な機会の提供を奨励する。

国は、子どもが休んだり自由な時間をもったり、その年齢にふさわしい遊びやレクリエーションをし、文化活動や芸術に参加する権利を持っていることを認める、というのが第三一条です。そして、子どもがこれらに参加する権利を促し、参加するために平等な機会をつくりだしなさいと言っています。

休息と余暇の権利は、世界人権宣言の第二四条に「休息及び余暇をもつ権利」として明記されて

います。文化的・芸術的生活への参加は、「文化的権利」が社会権規約にあります。こう考えていくと遊びの権利は子ども固有のものといえそうです。ところが、遊びの権利はそれを保障する具体的な国内法がありません。子どもにとって遊びとはなんであるのか、遊び場をどう保障していくのか、遊びを支える人材など、遊びを権利として法律で保障していくことが必要ではないかと思います。

遊びの権利ついては第四章（五六頁）を読んでくれると嬉しいです。

第32条　経済的搾取・有害労働からの保護

第32条（経済的搾取・有害労働からの保護）

1、締約国は、子どもが、経済的搾取から保護される権利、および、危険があり、その教育を妨げ、あるいはその健康または身体的、心理的、精神的、道徳的もしくは社会的発達にとって有害となるおそれのあるいかなる労働に就くことからも保護される権利を認める。

2、締約国は、この条の実施を確保するための立法上、行政上、社会上および教育上の措置をとる。締約国は、この目的のため、他の国際文書の関連条項に留意しつつ、とくに次のことをする。

インドに住む11歳の少年。9歳から毎日5時間、レンガ工場で働いている。
仕事をしていない時はセーブ・ザ・チルドレンの学習センターに通って学んでいる。

a. 最低就業年齢を規定すること。
b. 雇用時間および雇用条件について適当な規則を定めること。
c. この条の効果的実施を確保するための適当な罰則またはまたは他の制裁措置を規定すること。

第三二条では、児童労働から子どもたちが保護される権利を定めています。子どもは、教育を妨げたり、危険があったり、健康を害したり、発達の害になるような労働から守られる権利があります。国はこのために、働くことのできる最低年齢、働く時間や条件、決まりを破った場合の罰則を決め、法律などをつくらなければなりません。

ＩＬＯ（国際労働機関）一三八号条約では、働くことのできる最低年齢を義務教育終了年齢とし、どんな場合であっても一五才を下回ってはならないとしています。一五才未満の子どもが教育を受けずに働くことと一八才未満の有害な労働を児童労働といいます。学校に通いながら家のお手伝いをしたり、中学校卒業後にアルバイトをするのは児童労働にはあたりません。

現在、児童労働に関っている子どもは一億五二〇〇万人、全世界の子どもの一〇人に一人とされています（ＩＬＯ、二〇一七）。児童労働の多くはサハラ以南のアフリカ、そしてアジア太平洋地域で見られます。最も多い産業は農林水産業で、児童労働全体の七割にあたります。子どもたちはコーヒーや紅茶、カカオ豆などの生産の場で働かされています。学童保育のおやつに食べたチョコレートはどこからきたのか。子どもたちの手でつくられたものではないのか、考えるきっかけとしてはいかがでしょうか。

第33条　麻薬・向精神薬からの保護

第33条（麻薬・向精神薬からの保護）
締約国は、関連する国際条約に明示された麻薬および向精神薬の不法な使用から子どもを保護し、かつこのような物質の不法な生産および取引に子どもを利用させないために、立法上、行政上、社会上および教育上の措置を含むあらゆる適当な措置をとる。

第三三条はすべての麻薬・向精神薬から子どもが保護されることを定めています。麻薬をつくったりその取引に子どもが利用されることがないように法を整備したり、教育をしなければなりません。

麻薬とは大麻、ヘロイン、コカイン、LSD、MDMA等を指します。向精神薬とは中枢神経系に作用して精神機能になんらかの影響を及ぼす物質です。睡眠薬や抗不安薬などの向精神薬は、医師の指示により服用される薬です。しかしその指示をきかず、乱用するとこころとからだに大きな影響を及ぼします。そのため、不正な取引は「麻薬及び向精神薬取締法」により規制されています。

第34条　性的搾取・虐待からの保護

第34条（性的搾取・虐待からの保護）

締約国は、あらゆる形態の性的搾取および性的虐待から子どもを保護することを約束する。これらの目的のため、締約国は、とくに次のことを防止するためのあらゆる適当な国内、二国間および多数国間の措置をとる。

a. 何らかの不法な性的行為に従事するよう子どもを勧誘または強制すること。

b. 売春または他の不法な性的行為に子どもを搾取的に使用すること。

c．ポルノ的な実演または題材に子どもを搾取的に使用すること。

第三四条では、あらゆる形態の性的搾取と性的虐待からの子どもの保護を定めています。そのために国内または国同士で協力し、法律に違反する性的行為に子どもを誘ったり、強制すること、無理やり売春や性的行為をさせること、ポルノに子どもを利用することがないようにあらゆることをしなければなりません。

（ＮＰＯ法人）人身取引被害者サポートセンターライトハウスによる「児童相談所における児童買春、児童ポルノ被害児童への対応状況に関する研究」（厚生労働省平成二七年度子ども・子育て支援推進調査研究事業）では、平成二六（二〇一四）年度福祉行政報告例にて報告された「児童買春被害相談」に対応した児童相談所児童福祉司へのヒアリング調査と全国児童相談所の全児童福祉司約二八〇〇名に対するアンケート調査を実施しています。この調査によると、被害を受けた子ども二六六名のうち九割が女の子です。子どもが初めて相談した年齢は一三―一五才が四三・六％（一一六人）と最も多くなっています。しかし、一―五才が二・三％（六人）、六―一二才が一八・〇％（四八人）と、低年齢の子どもの被害が見過ごせません。

子どもの性的搾取や性的虐待は、親に相談しにくいことが想定されます。親が加害者であることもあり得ます。子ども自身がポルノ被害だと感じていないかもしれません。子どもが性的なことに非常に興味を示したことから、性的搾取や虐待が発覚することもあります。学童保育支援員は、まずは子どもの行動を観察し、言葉に耳を傾け、必要があれば児童相談所等につないでいくことが求められます。

第35条　誘拐・売買・取引の防止

第35条（誘拐・売買・取引の防止）
締約国は、いかなる目的またはいかなる形態を問わず、子どもの誘拐、売買または取引を防止するためにあらゆる適当な国内、二国間および多数国間の措置をとる。

第三五条では、子どもの誘拐・売買・取引の防止を規定しています。国は、どんな目的・形態であろうとも、子どもの誘拐、売買、取引を防止するために、国内や他の国と協力してあらゆる措置をとります。

驚くかもしれませんが、人身売買・取引や誘拐に関して、日本は長らく世界的に批判されてきています。子どもの人身売買・取引の主な目的は、子ども買春などの性的搾取、強制的に労働させる経済的搾取、臓器摘出を目的とするものがあります。このうち、日本は性的搾取を目的とした人身売買・取引の受け入れ国であるにもかかわらず、政府が積極的な対策をしてこなかったのです。

二〇〇五年には海外からの批判を受けて刑法が改正され、人身売買罪が新設されました。また、内閣府男女共同参画局では、「人身取引対策ポスター・リーフレット」を作成しています。海外の子どもがだまされて入国させられ無理やり働かされているケースや、日本国内の家出中の女の子たちをマンションに住まわせ売春をさせその料金を搾取するケース、子どもを脅して労働させるケースが紹介されています（http://www.gender.go.jp/policy/no_violence/no_jinshin/pdf/jinsintorihiki28.pdf）。

人身取引対策ポスター・リーフレット

第36条　他のあらゆる形態の搾取からの保護

第36条（他のあらゆる形態の搾取からの保護）
締約国は、子どもの福祉のいずれかの側面にとって有害となる他のあらゆる形態の搾取から子どもを保護する。

第三六条は、他のあらゆる形態の搾取からも子どもが保護されることを定めています。具体的には、経済的搾取からの保護を定めた三二条、性的搾取からの保護を定めた三四条にあてはまらない他のすべての搾取からの保護を示します。

たとえば、スポーツや芸術の分野で、子どもの心と身体の発達を犠牲にしてでもその分野での能力を保護者や国・企業・団体等により過度に開発させられるような場合が考えられます。子どもが友達と遊んだり、学んだりする時間もなく、幼いころからひたすらある特定のスポーツをさせられるようなケースです。あなたの学童保育に思い当たるケースはありませんか。そこにスポーツメーカーや国、おとなたちの思惑が絡んでくることで、子どもの発達が阻害され、疲弊してしまうこともあります。

もちろん、子ども自身が「勝ちたい」「うまくなりたい」と思って練習に打ち込むこともあります。スポーツ等を通して自己実現をしていくことはアイデンティティの獲得という面でも重要です。ところが、子どもたちは自分に迫っている危険に気づかないことがあります。

たとえば、夏の暑い日に水分補給もせずに練習をつづけることは熱中症の危険があります。顔が真っ赤になっていたり、大量の汗をかいていたりというときは、すぐに練習をストップし、涼しい場所へ移動した上で水分や電解質を補給することが重要です。意識がない場合は、すぐに救急車を呼び、涼しい場所へ移動させて身体を冷やすことが求められます。

つまり、子ども自身が練習をしたいと強く望んでも、それが心身の発達や生命を阻害してしまうほど過剰なものとなっていないか見守り、ときにはストップをかけることもおとなの重要な役割です。これは一般原則をすべて満たしているかどうか考える、ということでもあります。子どもの声も聴きながら、子どもにとって一番よいことなのかどうかの見極めが求められます。

第37条　死刑・拷問等の禁止、自由を奪われた子どもの適正な取り扱い

第37条（死刑・拷問等の禁止、自由を奪われた子どもの適正な取り扱い）

締約国は、次のことを確保する。

a．いかなる子どもも、拷問または他の残虐な、非人道的なもしくは品位を傷つける取扱いもしくは刑罰を受けない。一八歳未満の犯した犯罪に対して、死刑および釈放の可能性のない終身刑を科してはならない。

b．いかなる子どももその自由を不法にまたは恣意的に奪われない。子どもの逮捕、抑留または拘禁は、法律に従うものとし、最後の手段として、かつ最も短い適当な期間でのみ用いられる。

c．自由を奪われたすべての子どもは、人道的におよび人間の固有の尊厳を尊重して取扱われ、かつその年齢に基づくニーズを考慮した方法で取扱われる。とくに、自由を奪われたすべての子どもは、子どもの最善の利益に従えば成人から分離すべきでないと判断される場合を除き、成人から分離されるものとし、かつ、特別の事情のある場合を除き、通信および面会によって家族との接触を保つ権利を有する。

d．自由を奪われたすべての子どもは、法的および他の適当な援助に速やかにアクセスする権利、ならびに、その自由の剥奪の合法性を裁判所または他の権限ある独立のかつ公平な機関において争い、かつ当該訴えに対する迅速な決定を求める権利を有する。

第三七条は、死刑や拷問などの禁止、自由を奪われた子どもの手続きと取扱いについて定めています。

すべての子どもには、拷問や残虐で品位を傷つけるような扱いや罰をうけない権利があります。また、一八才未満の犯罪に対して死刑や終身刑を科されない権利があります。すべての子どもは、法によらずに自由を奪われないこと、子どもが逮捕されたり行動の自由を奪われるときは法律に基づくときだけであり、それは最後の手段として最も短い期間でのみ実施されます。自由を奪われた子どもは、人間らしくその年齢に基づくニーズを考えて扱われます。自由を奪われた子どもは、成人用の刑務所に収容されてはいけません。それは、子どもの安全や福祉が脅かされる危険があるからです。ただ、子どもにとって一番よい方法がおとなと一緒にいることであれば例外的に認められます。

子どもは特別の事情がある場合をのぞいて、家族に連絡したり会う権利があります。自由を奪われたすべての子どもは、法や適切な支援にすみやかにアクセスする権利があり、自由を奪われている理由を裁判所に訴える権利があります。その返事はできるだけ早くしなければなりません。

第38条　武力紛争における子どもの保護

第38条（武力紛争における子どもの保護）

1、締約国は、武力紛争において自国に適用可能な国際人道法の規則で子どもに関連するものを尊重し、かつその尊重を確保することを約束する。
2、締約国は、一五才に満たない者が敵対行為に直接参加しないことを確保するためにあらゆる可能な措置をとる。
3、締約国は、一五才に満たないいかなる者も軍隊に徴募することを差控える。締約国は、一五歳に達しているが一八才に満たない者の中から徴募を行うにあたっては、最年長の者を優先するよう努める。
4、締約国は、武力紛争下における文民の保護のための国際人道法に基づく義務に従い、武力紛争の影響を受ける子どもの保護およびケアを確保するためにあらゆる可能な措置をとる。

第三八条は武力紛争から保護される権利が子どもにはあることを定めています。国は、武力紛争の際に国際人道法の下で子どもに関連するものを尊重し、子どもを保護しなければなりません。そして一五才に満たないものを戦争に直接参加させてはいけません。一五才未満の子どもを強制的に集めることはできません。一五〜一八才に満たない子どもを兵士にするにあたっては、最年長の子どもを優先します。国は、武力紛争に影響を受ける子どもに対し手をつくして保護とケアをします。

ところで、戦争に直接参加する年齢と軍隊に強制的に集められる年齢は、二〇〇〇年に採択された「武力紛争への子どもの関与に関する選択議定書」によって一八才に引き上げられました。日本は二〇〇四年に批准しています。

戦争に子どもが巻き込まれる例としては、戦争そのものの犠牲になるだけでなく、子ども兵士[26]（一八才未満）や戦時下の性暴力があります。ユニセフによれば世界で約二五万人もの子ども兵士がいるとされています。子どもを強制的に兵士とすることは違法であるため、正確なデータをとることは困難です。しかし、国連によれば、二〇一三年以降、南スーダンでは推定一万七、〇〇〇人の子どもが、中央アフリカ共和国では最大一万人の子どもが強制的に兵士にされました。ナイジェリアとその周辺ではボコ・ハラム[27]によって強制的に兵士とされた子どもが二〇一六年だけで二〇〇〇人いるとされています。

兵士とされるのは男の子ばかりではありません。女の子も兵士として扱われ、繰り返しレイプされ強制的に結婚させられることもあります。このような経験をした子どもたちは、子ども兵士から解放された後もつらい状況に置かれます。そのために次の第三九条があります。

第39条　犠牲になった子どもの心身の回復と社会復帰

第39条（犠牲になった子どもの心身の回復と社会復帰）
締約国は、あらゆる形態の放任、搾取または虐待の犠牲になった子ども、拷問または他のあらゆる形態の残虐な、非人道的なもしくは品位を傷つける取扱いもしくは刑罰の犠牲になった子ども、あるいは、武力紛争の犠牲になった子どもが身体的および心理的回復ならびに社会復帰することを促進するためにあらゆる適当な措置をとる。当該回復および復帰は、子どもの健康、自尊心および尊厳を育くむ環境の中で行われる。

第三九条は、犠牲になった子どもの心身の回復と社会復帰について定めています。
国は、子どもが世話をされなかったり、搾取されたり、虐待の犠牲になったり、拷問されたり、その他のどんな形であっても人間らしさを傷つけるひどい取り扱いをされたり、刑罰の犠牲になった子ども、そして戦争の犠牲になった子どもが、心と体を回復させ、社会生活に戻ってこられるようにするために、あらゆることをします。そのための回復と復帰は、子どもの健康と自分を大切にする気持ちと個人の価値を育む環境で行われます。

子どもの権利が侵害されているあらゆる状況を想定し、そこで犠牲になった子どもたちにとって一番よい方法で、自分を取り戻せるような支援が必要です。学童保育は、子どもがおとなの目を気にせず、自分を出せる数少ない環境のひとつです。保護者や教師の前ではとてもおとなしい子なのに、学童ではびっくりするくらい元気、という子も少なくありません。家庭や学校による「評価のまなざし」を気にせず、自分らしさを育むことができる場なのです。家庭で虐待されている子どもや学校でいじめられている子どもが、学童保育で回復し安心した生活を取り戻すきっかけとなるかもしれません。あなたの学童保育は、子どもたちが心と身体を回復できる場となっていますか。

第40条　少年司法

第40条（少年司法）

1、締約国は、刑法に違反したとして申し立てられ、罪を問われ、または認定された子どもが、尊厳および価値についての意識を促進するのにふさわしい方法で取扱われる権利を認める。当該方法は、他の者の人権および基本的自由の尊重を強化するものであり、ならびに、子どもの年齢、および子どもが社会復帰しかつ社会において建設的な役割を果たすことの促進が望ましいことを考慮するものである。

2、締約国は、この目的のため、国際文書の関連する条項に留意しつつ、とくに次のことを確保する。

a．いかなる子どもも、実行の時に国内法または国際法によって禁止されていなかった作為または不作為を理由として、刑法に違反したとして申し立てられ、罪を問われ、または認定されてはならない。

b．法的に違反したとして申し立てられ、または罪を問われた子どもは、少なくとも次の保障をうける。

i．法律に基づき有罪が立証されるまで無罪と推定されること。

ii．自己に対する被疑事実を、迅速かつ直接的に、および適当な場合には親または法定保護者を通じて告知されること。自己の防御の準備およびその提出にあたって法的または他の適当な援助をうけること。

iii．権限ある独立のかつ公平な機関または司法機関により、法律に基づく公正な審理において、法的または他の適当な援助者の立会いの下で、および、とくに子どもの年齢または状況を考慮し、子どもの最善の利益にならないと判断される場合を除き、親または法定保護者の立会いの下で遅滞なく決定を受けること。

iv．証言を強制され、または自白を強制されないこと。自己に不利な証人を尋問し、または当該証人に尋問を受けさせること。平等な条件の下で自己のための証人の出席および尋問を求めること。

v. 刑法に違反したと見なされた場合には、この決定および決定の結果科される措置が、法律に基づき、上級の権限ある独立のかつ公平な機関または司法機関によって再審理されること。

vi. 子どもが使用される言語を理解することまたは話すことができない場合は、無料で通訳の援助を受けること。

vii. 手続のすべての段階において、プライバシィが十分に尊重されること。

3、締約国は、刑法に違反したとして申し立てられ、罪を問われ、また認定された子どもに対して特別に適用される法律、手続、機関および施設の確立を促進するよう努める。とくに次のことに努める。

a. 刑法に違反する能力を有しないと推定される最低年齢を確立すること。

b. 適当かつ望ましい時はつねに、人権および法的保障を十分に尊重することを条件として、このような子どもを司法的手続によらずに取扱う措置を確立すること。

4、ケア、指導および監督の命令、カウンセリング、保護観察、里親養護、教育および職業訓練のプログラムならびに施設内処遇に替わる他の代替的措置などの多様な処分は、子どもの福祉に適当で、かつ子どもの状況および罪のいずれにも見合う方法によって子どもが取扱われることを確保するために利用可能なものとする。

第四〇条では、子どもが罪を犯したと疑われたり、罪が認められた場合であっても、国は子どもの権利を尊重しなければならないと定めています。

たとえば、子どもが法律違反ではないのに罪に問われることがないように国は見守る必要があります。また、子どもが罪に問われている場合は、その罪が立証されるまでは無罪とされなければならないこと、なぜ罪に問われているのかを知らされること、法律に基づく裁判を公平に受けることができること、自白を強制されないこと、上訴する権利があること、言葉が理解できない場合は通訳をしてもらえること、プライバシーが尊重されることが定められています。

そして、罪を問われた子どもに対して特別に法律をつくらなければなりません。そのときには、刑法に反すると判断される子どもの最低年齢を決め、できるだけ司法によらないサポートを考える必要があります。最後に、子どもの状況や罪の重さに応じて、子どもにあったケアやカウンセリング、教育や職業訓練などが用意されることも大切です。

日本では少年法がこれにあたります。二〇二二年四月からは成人年齢が一八才に引き下げられたことに伴い、一八・一九才を「特定少年」と位置づけ引き続き少年法が適用されます。ただし、一七才以下とは取り扱いが異なり、特定少年が犯した事件が起訴された場合は実名報道が解禁になるなど注視が求められます。

これに対し、自分が何か罪に問われたときに、どのようなプロセスで司法手続きが行われ、子どもにはどんな権利があるのかを知っている子どもは多くありません。少年法第一条には「この法律

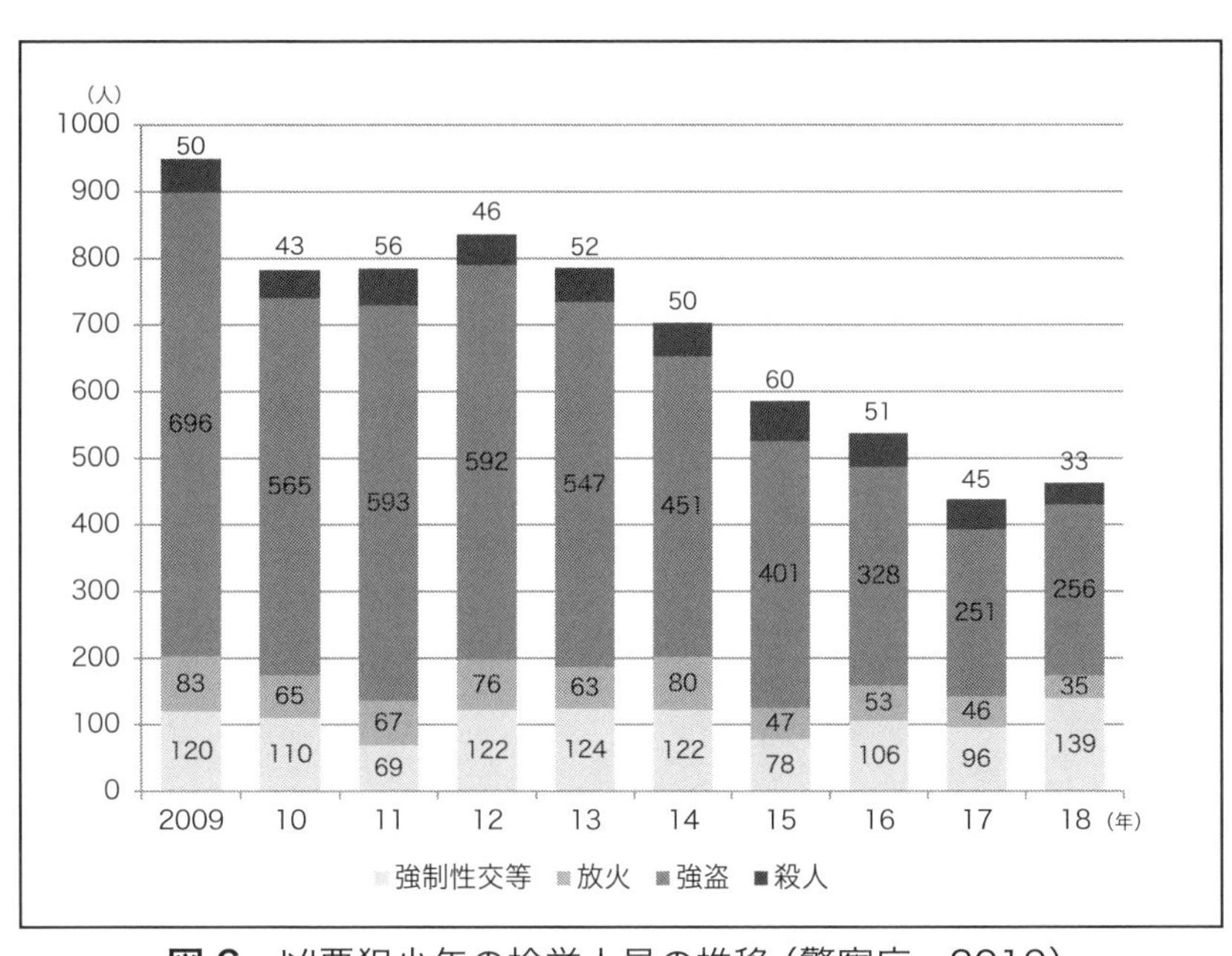

図6　凶悪犯少年の検挙人員の推移(警察庁、2019)

は、少年の健全な育成を期し、非行のある少年に対して性格の矯正及び環境の調整に関する保護処分を行うとともに、少年の刑事事件について特別の措置を講ずることを目的とする。」とあります。つまり少年司法は、成人の刑事事件とは異なり、罪を犯した子どもの更生を目的として、付添人である弁護士や保護者、調査官など子どもにかかわるおとなたちが子どもの環境調整をするのです。子どもに厳罰を科すことが少年法の目的ではありません。

さて、少年犯罪と学童保育はどんな関係があるでしょうか。たとえば、アメリカでは放課後の時間帯を「機会でもあり、リスクでもある」と考えます。つまり、子どもたちが犯罪に巻き込まれたり、罪を犯したりする時間帯がまさに放課後の時間帯であるということです(岡元真希子、二〇〇九)。その放課後を支えるのが学童保育ですから、少年犯罪予防の観点からも充実が図られてよいでしょう。

コラム⑧　全国一斉休校と学童保育

二〇二〇年二月二八日の新型コロナウイルスの感染拡大に伴う首相の全国一斉休校要請は、少なくない混乱を社会に及ぼしました。文部科学省が全国の自治体に調査したところによると、二〇二〇年三月四日現在小学校は九八・八％、中学校は九九％がすでに休校、もしくはこれから休校と回答しています。

あなたの学童保育も、急な状況の変化に大変な思いをされたのではないかと思います。学校は臨時休業である一方で、保護者が働くためには保育所や学童保育を開けざるをえないというちぐはぐな対応に唖然とした人もいたと思います。国から示された突然の方針にふりまわされながら、なんとか乗り切ってきたのは現場のみなさんの力だと思います。学校よりもはるかに狭い学童保育で新型コロナウイルスの感染予防ができるのだろうかと不安になった方も多かったことでしょう。

この騒動でわかったことのひとつは、学童保育に対する首相や政府の認識があまりに薄っぺらいものだったということです。首相の一斉休校要請によって、あの夜、保護者たちは週明けから子どもをどうするのか奔走しました。二〇一九年の共働きの世帯は一二四五万世帯で、専業主婦世帯五七五万世帯の二倍以上（厚生労働省・内閣府）です。家で子どもの面倒を見ることができる誰かがいる家庭ばかりではありません。だからこそ、学童保育の登録者は約一三〇万人もおり、待機学童も多いのです。子どもの現実に対する認識が決定的に欠けていることがよくわかりました。

そして、学童保育の専門性に対する認識の低さです。一斉休校期間に学童保育を午前中からあけるためには人が足りない、という実態に対し「小学校の先生に学童保育をやってもらえばいいじゃないか」という声があがりました。文部科学省初等中等教育局は以下のように回答しています。[28]

「学校の教職員が日常的に放課後児童クラブの業務に携わることは想定されないところですが、臨時休業中に放課後児童クラブを開所するという判断が市区町村においてなされた場合においては、子供たちを放課後児童クラブ等で受け入れるための人的体制を確保する観点から、学校の教職員が、その職務である教育活動等の一環として、各教育委員会等の職務命令に基づいて放課後児童クラブ等における学習指導や生徒指導等に関する業務に携わることは可能です。」

確かに放課後児童支援員の資格要件には教育職員免許状が含まれますが、だからといって小学校教諭が支援員の適性と専門性があるかといえばそれは別の問題です。学童保育は教育活動ではありません。子どもの権利を理解し、遊びと生活を通して子どもの声を聴きながら最善の利益を保障する学童保育の重要性を改めて感じた出来事でした。

第41条　既存の権利の確保

第41条（既存の権利の確保）
この条約のいかなる規定も、次のものに含まれる規定であって、子どもの権利の実現にいっそう貢献する規定に影響を及ぼすものではない。
a．締約国の法
b．締約国について効力を有する国際法

子どもの権利条約の規定よりも、国の法律や国際法がより子どもにとってよいならば、それを優先しますよ、というのが第四一条です。子どもにとっては最もよいものを、という心意気が伝わってきます。

これは、今ある法律が子どもの権利保障にとても良いものであった場合、それを悪い方に変えてはいけません、ということでもあります。毎年たくさんの法律ができ、改正されます。法律をつくったり、改正するときにそれが子どもの権利を保障する最高水準のものになっているかどうか、という視点で見ていくことが肝要です。

第42条　条約広報義務

第42条（条約広報義務）
締約国は、この条約の原則および規定を、適当かつ積極的な手段により、大人のみならず子どもに対しても同様に、広く知らせることを約束する。

国は、この条約の内容をおとなだけでなく子どもにもわかりやすい形で積極的に広く知らせなければならないことを第四二条で定めています。

二〇一九年に子どもの権利条約は国連採択三〇周年、日本が批准して二五年を迎えました。残念ながら多くの人が子どもの権利条約を知って、守っているとはいえない状況です。大学生たちに質問してみると、知っていると答える学生はごくわずかです。どこで知ったの？　と問えば「社会の教科書に載っていました」「家庭科の授業で習った」などという答えが返ってきます。

放課後児童支援員認定資格研修の受講要件には、保育士や幼稚園・小学校等の教員免許状取得者が挙げられています。保育士養成課程では、子どもの権利条約に必ず触れますが、教職課程では名称だけに言及するといったケースも少なくありません。子どもの権利条約を学童保育支援員のみなさんが知らないことの要因は、養成課程での学習不足や、文部科学省をはじめとした政府の広報不足にあるといえます。

子ども支援にかかわるおとなだけでなく、子ども自身も子どもの権利条約を知りません。子どもたちの多くは、いじめや虐待など権利侵害にあったとき、「悪いのは自分だから……」「わたしががまんすればいい」と誰にも相談できずに自分を責めます。何が権利なのかがわからなければ、自分の権利が侵害されていてもそれに気づくことができません。だからこそ、子どもの権利を守っていくためには周囲のおとなへの広報や研修が大切になります。

学童保育の場では、支援員が率先して子どもの権利を学ぶことで、身近な子どもたちに伝えることができます。それはやがて、子ども自身が自分の権利を大切にするだけでなく、他者の権利を尊重することにつながっていきます。

ところで、条約を子どもに伝えるにあたって、子どもにわかりやすい方法にはなにがあるでしょうか。これこそ、子どもの専門家である学童支援員の腕の見せ所です。子どもの権利条約をわかりやすい言葉にした「絵本作り」、それぞれの条文を絵にしたイラスト大会、「子どもの権利すごろく」や「子どもの権利かるた」づくりなど、遊びを交えたワークショップをしてみてはいかがでしょう。できた作品は、いくつかの学童保育で共有する場があればすてきだなと思います。あなたの学童での実践をぜひ教えて欲しいです。

注

（1）「しょうがい」という言葉については、引用した文献や法律が「障害」を用いている場合は「障害」を、それ以外では「障碍」を使用しました。

（2）国連子どもの権利委員会を長年傍聴してきた平野裕二さんによれば、一般的意見とは、「条約のさらなる実施を促進し、かつ締約国による報告義務の履行を援助するために」、国連子どもの権利委員会が具体的な見解を示したものです。一般的意見に書かれたことは、締約国の政府や裁判所等によって正当に尊重されなければならないとされています。なお、本書で紹介した国連子どもの権利委員会による文書の翻訳や説明は、「平野裕二の子どもの権利・国際情報サイト」のものを使用しました。（https://w.atwiki.jp/childrights/）

（3）CRC/C/GC/7　子どもの権利条約は英語で Convention on the Rights of the Child です。

（4）児童福祉法第二五条「要保護児童を発見した者は、これを市町村、都道府県の設置する福祉事務所若しくは児童相談所又は児童委員を介して市町村、都道府県の設置する福祉事務所若しくは児童相談所に通告しなければならない。ただし、罪を犯した満十四歳以上の児童については、この限りでない。この場合においては、これを家庭裁判所に通告しなければならない。」

（5）児童福祉法第三三条「児童相談所長は、必要があると認めるときは、第二十六条第一項の措置を採るに至るまで、児童の安全を迅速に確保し適切な保護を図るため、又は児童の心身の状況、その置かれている環境その他の状況を把握するため、児童の一時保護を行い、又は適当な者に委託して、当該一時保護を行わせることができる。」

（6）学校教育法第一一条「校長及び教員は、教育上必要があると認めるときは、文部科学大臣の定めるところにより、児童、生徒及び学生に懲戒を加えることができる。ただし、体罰を加えることはできない。」

（7）この民法は、一八九八年（明治三一）年に公布された明治民法の規定をそのまま引き継いだものです。

（8）社会資源とは、ある問題を解決したり、人々のニーズを満たすために利用できる制度や施設・資金、個人の有する技術などのことです。

（9）厚生労働省ＨＰ『放課後児童クラブ運営指針解説書』(https://www.mhlw.go.jp/file/06-Seisakujouhou-11900000-Koyoukintoujidoukateikyoku/0000158828.pdf)

（10）たとえば、小中学生を対象にした「チョコバナナクレープをつくろう」というワークショップでは、チョコバナナクレープの材料が地球上のどこからきているかを考えながら、実際にチョコバナナクレープを作って食べ、児童労働と子どもの権利について学んでいきます。中高大生を対象にしたワークショップでは、子どもの権利条約を学習した後、短歌をつくったり絵本をつくったりします。

（11）海外とつながりのある子どもには、外国籍の子どもだけでなく、国際結婚をした家庭の子ども、日本国籍であっても日本語を話せない子どもなどさまざまな子どもたちがいます。

（12）ＬＧＢＴＱは、レズビアン（性自認が女性の同性愛者）、ゲイ（性自認が男性の同性愛者）、バイセクシュアル（両性愛者）、トランスジェンダー（身体的性と性自認が一致しない人）、クエスチョニング（セクシュアリティを模索している人、まだ決めていない人）の頭文字です。セクシュアルマイノリティには、このほかに、アセクシュアル（無性愛者）やノンセクシュアル（非性愛者）、Ｘ

ジェンダー（男女のどちらでもない人）などがあります。

（13）ホイジンガ著、高橋英夫訳『ホモ・ルーデンス』中公文庫、一九七三、一六五頁

（14）CRC/C/GC/17, 二〇一三

（15）一八七六―一九二八。イギリスの社会活動家。一九一九年にジェブが創設したセーブ・ザ・チルドレンは、現在一二九か国の独立したメンバーが連携し約一二〇か国で子ども支援活動を展開。

（16）国際人権規約とは、世界人権宣言の内容をベースに条約化したものです。人権諸条約の中で最も基本的で包括的です。社会権規約と自由権規約は、一九六六年の第二一回国連総会において採択され、一九七六年に発効しました。日本は一九七九年に批准しています。社会権規約を国際人権A規約、自由権規約を国際人権B規約と呼ぶことがあります。

（17）厚生労働省によると、国民生活基礎調査の「相対的貧困率」は「一定基準（貧困線）を下回る等価可処分所得しか得ていない者の割合」を指します。「子どもの貧困率」は子ども（一七歳以下）全体に占める等価可処分所得が貧困線に満たない子どもの割合、「子どもがいる現役世帯」の貧困率は、子どもがいる世帯の大人を含めて算出しています。

（18）「私たちのことを私たち抜きで決めないで（Nothing about us without us）」は、一九六〇年代のアメリカで障碍のある人々の自立生活運動のなかで使われるようになった言葉です。二〇〇六年に国連で採択され、二〇一四年に日本政府も批准した「障害者の権利に関する条約」は、この言葉を合言葉として障碍のある当事者の参加によって作成されました。

（19）「板橋区請願と陳情の審査状況表（令和元年から）」（令和二年四月七日付）によれば、「子どもの遊

び場についての陳情（旧板橋九小の件）」「子どもの遊び場についての陳情（加賀二丁目公園の件）」「子どもの遊び場についての陳情（子どもの意見聴取・運動場所充実の件）」についてはいずれも令和元年一二月一六日に採択されており、「子どもの遊び場についての陳情（東板橋公園グラウンドの件）」は継続審査となっています。（https://www.city.itabashi.tokyo.jp/kugikai/bouchou/shinsa/1020959/1011522.html）

（20）ただし、学童保育の待機児童数として数字に表れているのは氷山の一角であり、申し込みそのものをあきらめたりする「隠れ待機学童」も存在します。

（21）子発一一二七第四号、各都道府県知事・各指定都市市長・各児童相談所設置市市長あて厚生労働省子ども家庭局長通知、二〇一七年一一月二七日

（22）インクルーシブとは、包括的な、包摂的なという意味です。障碍のある子どもを排除するのではなく、社会の一員として支え合っていくという「社会的包摂」を意味します。

（23）生活保護基準を下回る経済状態の世帯のうち、実際に生活保護制度を利用している割合を「捕捉率」と呼びます。日本の捕捉率は二割程度と言われており、残りの八割は生活保護を利用する資格があるにも関わらず利用できていません。

（24）CRC/GC/2001/C

（25）森田ゆりは、エンパワーメントについて「力をつけることではなく、『力を回復すること』と言ったほうが、その本来の意味にずっと近い」と指摘しています（森田、二〇〇〇：二九）。平沢は、エンパワーメントを「力を誰かにおすそわけする慈善行為ではない」とし、「本来もっている力をそのまま出すことができず、いわば力を奪われた状態にある人が、その抑圧された力をいきいきと発揮す

ることで、能動的に自己実現や社会参加に向かっていくプロセス」であり、エンパワーメントを支援することはできても与えることはできない、と述べました（平沢、二〇〇〇：一一）。子どもの権利救済に関し吉永は、子どものエンパワーメントを支援するとは「子どもがさまざまな抑圧に抗して、自らたたかうことのできる」ように支えることであるとしました（吉永、二〇〇三：一一〇—一一二）。

(26) 太平洋戦争末期の沖縄では鉄血勤皇隊と呼ばれる少年兵が存在し、火薬を背負って戦車に突入するなどして多くの戦死者が出ました。また、ひめゆり学徒隊では女子生徒が看護要員として戦争に従事させられました。このような歴史的事実から、少年兵は日本には関係のないことではなく、今後起こりうるかもしれないこととして考えていく必要があります。

(27) ボコ・ハラムとは、公安調査庁によればナイジェリア北東部及び北部を拠点に活動するスンニ派過激組織であり、近年、治安当局のほか一般市民へも攻撃対象を拡大しています。この組織の結成以降、約二万人が殺害され、女性や子ども数千人が誘拐されたとされています。

(28) 文部科学省「新型コロナウイルス感染症に対応した小学校、中学校、高等学校及び特別支援学校等における教育活動の再開等に関するＱ＆Ａの送付について（三月二六日時点）」(https://www.mext.go.jp/content/20200327-mxt_kouhou01-000004520_1.pdf)

参考文献

尾崎新編『「ゆらぐ」ことのできる力　ゆらぎと社会福祉実践』誠信書房、一九九九
尾崎新編『「現場」のちから　社会福祉実践委おける現場とは何か』誠信書房、二〇〇二
岡元真希子「アメリカ―社会格差の改善をめざした教育機会の提供」池本美香編著『子どもの放課後を考える　諸外国との比較でみる学童保育問題』勁草書房、二〇〇九、一〇九―一二三頁
川上園子「体罰等の全面的禁止へ建設的対話　第四・五回日本政府報告審査を傍聴して」日本子どもを守る会編『子ども白書二〇一九』二〇一九、二二―二七頁
鈴井江三子ほか「学童保育指導員による児童虐待の発見に関する実態調査」、『小児保健研究』七一（五）、二〇一二、七四八―七五五頁
デジタルアーツ「未成年の携帯電話・スマートフォン利用実態調査」二〇一八（https://www.daj.jp/company/release/2018/0307_01/）
豊浦美紀「医師から見た「発達障害」のリアル　七割超が「診断基準の精度」、五割が「過剰診断」を懸念」AERAdot.、二〇一九年六月二四日記事（https://dot.asahi.com/aera/2019062100019.html?page=1）
内閣府政策統括官（共生社会政策担当）『平成三〇年度子供の貧困に関する支援活動を行う団体に関する調査』二〇一九
中塚幹也「学校保健における性同一性障害：学校と医療との連携」『日本医事新報』No.四五二一、二〇

一〇、六〇―六四頁
「岡山市の職員が知っておきたい性的マイノリティ（ＬＧＢＴ）の基礎知識」二〇一五
中野茂「遊び研究の展望」小山高正ほか編『遊びの保育発達学』川島書店、二〇一四、一―二五頁
中野茂「総論　遊びの力―ポジティブな可能性」『発達』一五八号、二〇一九、五八―六五頁
西野博之『居場所のちから　生きてるだけですごいんだ』教育史料出版会、二〇〇六
浜松市教育委員会『「安心して学校生活を送るためのアンケート」に関するリーフレット』二〇一七
広沢明「第二条　差別の禁止」喜多明人ほか編『逐条解説子どもの権利条約』日本評論社、二〇〇九、五七―六三頁
増山均『余暇・遊び・文化の権利と子どもの自由世界～子どもの権利条約第三一条論』青踏社、二〇〇四、九〇―九一頁
森田明美「第三条　子どもの最善の利益　基準の設定」喜多明人ほか編『逐条解説子どもの権利条約』日本評論社、二〇〇九、六九―七〇頁
森田ゆり「子どものエンパワメント」部落解放・人権研究所編『子どものエンパワメントと教育』解放出版社、二〇〇〇
文部科学省『学校・教育委員会等向け虐待対応の手引き』二〇一九
David, P. 2006 *A Commentary on the United Nations Convention on the Rights of the Child; Article31 The Rights to Leisure, Play and Culture*, Martinus Nijhoff Publishers, p.27
IPA Declaration of the Children's Rights to Play (http://ipaworld.org/about-us/declaration/ipa-declaration-of-the-childs-right-to-play/)

Huizinga, J. 1938 *Homo Ludens*, ＝高橋英夫訳『ホモ・ルーデンス』中央公論新社、一九七三
Schön, D.A. 1987 *Education the Reflective Practitioner : Toward a New Design for Teaching and Learning in the Professions*, John Wiley & Sons, Inc., ＝柳沢昌一・村田晶子監訳『省察的実践者の教育』鳳書房、二〇一七
ＮＨＫ「Webリポート　僕らがちんじょうしたわけ」二〇一九年一二月一七日（https://www.nhk.or.jp/shutoken/wr/20191217.html）
公益社団法人セーブ・ザ・チルドレン・ジャパン「子どもの声・気持ちをきかせてください！」２０２０年春・緊急子どもアンケート結果（全体版報告書）、二〇二〇（https://www.savechildren.or.jp/jpnem/jpn/pdf/kodomonokoe202005_report.pdf）
安部芳絵「災害と子どもの遊びに関する基礎的研究―災害後の遊びの実態に関する調査分析を通して―」こども環境学会二〇一九大会ポスター発表、二〇一九
警察庁生活安全局少年課「平成三〇年中における少年の補導及び保護の概況」二〇一九（https://www.npa.go.jp/safetylife/syonen/hodouhogo_gaikyou/H30.pdf）
Hodgkin, R. & Newell, P. 2007 *Implementation Handbook for the Convention on the Rights of the child.* UNICEF
笠原嘉『青年期』中公新書、一九七七
文部科学省「「いじめを早期に発見し、適切に対応できる体制づくり」―ぬくもりのある学校・地域社会をめざして―子どもを守り育てる体制づくりのための有識者会議まとめ（第1次）」二〇〇七

あとがき

花や実のように目に見える成果が学校で育まれるとしたら、放課後の学童保育は子どもの根っこが育つ時間――こう書きながら、自分と学童保育のかかわりをふりかえると、親が育つ時間でもあったことに気づかされます。

小学校三年生のある日、長男が「学校に行きたくない」と言い出しました。さらに「でも、学童には行きたい。学童だけ行ったらダメ?」と言うではないですか。

当時、学校では担任からダメ出しばかりされ、しんどい思いをしていた長男と一緒に遊びながら「○○くんのいいところはこういうところだよね」と毎日のように伝えてくれていたのが学童保育の先生でした。放課後になれば、学童保育にさえ行けば、担任の先生とはちがった見方をしてくれるナナメの関係のおとなと友達がたくさんいます。思いっきり遊んで、たくさん受け止めてもらった学童のおかげで、長男はだんだんと変わっていきました(今では大変活発な高校一年生となりました)。

学校に行きたくないという子どもの言葉は、親に大きな葛藤をもたらします。学校でひたすらダメ出しをされた日でも、「楽しかったー！」と言いながら学童保育を後にした長男。今日は誰と何をして遊んだ！　と嬉しそうに話す姿をみながら、遊びの力ってすごいな、と感じるとともに、学童保育があってよかった、学童保育の先生がいてくれてよかったと胸をなでおろしました。学童保育は、子どもだけでなく親も支えているんだなぁと実感した出来事でした。自分の子どもが通うようになって初めて学童保育を知ったという保護者も多いことでしょう。そして、学童保育を通して、自分の子育てをふりかえったり、至らなさを思い知ったり、第三のおとなの存在に助けられた、という人もいるのではないかと思います。

新型コロナウイルスの感染拡大で世界中が不安になっているなか、学童保育の社会的意義を改めて考えさせられることがありました。公益社団法人セーブ・ザ・チルドレン・ジャパンが実施した「子どもの声・気持ちをきかせてください！」２０２０年春・緊急子どもアンケートです。二〇二〇年三月一七日〜三一日までのわずかな期間でしたが、全国から集まった一四二二通には子どもの声と気持ちがあふれています。

新型コロナウイルスの影響で日常生活が送れない、遊べないと訴える子どもたちが多くみられるなか、ある子どもたちはたくさん遊んでいる、楽しく過ごしていると回答しました。そう、学童保育に通っている子どもたちです。「学どうでお友だちと楽しくすごしています。」（小２・福島県）のように、学童保育が子どもの日常を支えていること、学童保育で友だちと遊び楽しい時間を過ごせているようすがうかがえます。

現場の大変さは想像以上だったと思います。それでも学童保育があったからこそ、安心して楽しい日々を送っている子どもたちがいました。このことはもっと評価されてよいですし、学童保育の社会的意義の見直しと地位向上が改めて重要であると感じます。

一方で、二〇二〇年はこれまで以上に「ゆらぐ」春だったのではないかと思います。首相の全国一斉休校要請から始まった混乱は学童保育を直撃しました。「子どものためを思って」「子どもによかれと思って」さまざまな省庁・機関が動いた結果、現場で翻弄された支援員も多かったのではないでしょうか。

これらは、「おとなのよかれ」がしばしば子どもの最善の利益とは異なることを示しています。一斉休校とそれに伴う影響に関しては、詳細な検証が待たれますが、次々と出される通知や連絡と現場の実態はちぐはぐな印象を受けることもありました。空間的に学校よりも狭い学童保育で距離をとるなんて無理……、せめて校庭を使わせてくれればいいのに……などと感じた人も多かったと思います。

役所と現場、保護者の板挟みになってもう辞めたい、と感じた人もいたでしょう。急な勤務の変更でへとへとに疲れ果て、もう何かに寄りかかってないと立っていられないと感じている人もいるでしょう。そんなときに、学童保育支援員を支えてくれる軸となるのが、子どもの権利条約です。

子どもの権利条約は、知らなければならない、学ばなければならない、現場に活かさなければならないと、みなさんを追い詰めるものではありません。誰も正解を知らない手探りの日々の中で、どうしたらよいのか迷ったりなんだかもやもやするとき、学童保育実践をとらえなおすヒントとなるものです。
子どもにとって一番よいことを、子どもに聴いて子どもと共に考える。緊急事態下ではとかく子どもの声は後回しにされがちです。だからこそ、改めて子どもの権利条約を読み直し、自分の実践を言葉にしてみませんか。子どもの権利条約を軸として、職場や研修で実践を語り合い聴き合ってみてください。きっと、子どもの力を再発見したり、自らの子ども観が転換したり、制度の不備に気づいたりするはずです。ゆらいでいるときこそ、軸としてあなたを支えるものが必要です。

執筆に当たっては、さまざまな人に助けていただきました。一般財団法人児童健全育成推進財団の鈴木一光理事長、野中賢治先生からは、放課後児童クラブとその役割の重要性・実践の豊かさについて多くのことを学ばせていただきました。公益社団法人セーブ・ザ・チルドレン・ジャパン（ＳＣＪ）と栃木県足利市のさくらエルマー学童くらぶには写真を提供していただきました。とくにＳＣＪの田代光恵さん、さくらエルマー学童くらぶの三田和子さんには、ふだんからさまざまな相談にのっていただいて感謝しています。卒論ゼミの学生にも助けてもらいました。ＳＮＳやメディア・リテラシーに関する内容は伊藤愛里さんと、宗教に関することは林リダさんとディスカッションする中で生まれました。ふたりとも今は教師として高校で勤務しています。改めてお礼申し上げるとともに、今よりももっと子どもの権利の軸がある教師が増えたらいいなと願っています。

最後に、新型コロナウイルスの影響による営業短縮で大変な中、伴走してくださった飯塚直さん、仲村悠史さんはじめ高文研のみなさんにもお礼申し上げます。ありがとうございました。

付記

＊この本は、二〇一九年二月二六日にさいたま市民会館うらわホールで開催された埼玉県学童保育連絡協議会「第一九回学童保育指導員〝冬の〟基礎講座」の講演をもとに再構成しています。

＊この本には、文部科学省科学研究費補助金（「災害後の遊びは子どもに何をもたらすのか―「災害遊び」から生まれる文化―」課題番号：18K02495、研究代表者：安部芳絵、二〇一八～二〇二〇年度）による研究成果の一部を含みます。

安部 芳絵（あべ・よしえ）

1975年大分県別府市生まれ。2006年、早稲田大学大学院文学研究科博士後期課程単位取得退学。2009年、博士（文学）。早稲田大学文学学術院助手、助教を経て、2015年より工学院大学教育推進機構教職課程科准教授。

厚生労働省社会保障審議会児童部会放課後児童対策に関する専門委員(2017〜2019、2022〜2023)、遊びのプログラム等に関する専門委員（2019〜2023）。東京都子供・子育て会議委員（2022〜2024）。東京都立川市夢育て・たちかわ子ども21プラン推進会議副会長(2017〜)。公益社団法人セーブ・ザ・チルドレン・ジャパン理事。一般財団法人児童健全育成推進財団理事。

高3・高1・中1男子の母で、3人とも学童保育育ち。

単著に『子ども支援学研究の視座』（学文社、2010年、第6回こども環境学会論文・著作奨励賞受賞)、『災害と子ども支援』（学文社、2016年、第12回こども環境学会論文・著作賞、第11回生協総研賞研究賞受賞）。

子どもの権利条約を学童保育に活かす

●2020年 7月20日 ———— 第1刷発行
●2022年 6月20日 ———— 第2刷発行

著　者／**安部芳絵**

発行所／株式会社 **高 文 研**
東京都千代田区神田猿楽町2-1-8　〒101-0064
TEL 03-3295-3415　振替 00160-6-18956
https://www.koubunken.co.jp

印刷・製本／中央精版印刷株式会社

ISBN978-4-87498-728-5　C0037